正々堂々

私が好きな私で生きていいんだ

西村宏堂

サンマーク出版

男でも女でもあるの

私は、男でも女でもないし、

自分の人生は自分で決める

他人と違うことは、悪いことなんかじゃない

小さい頃は
「こうちゃん、女の子よ！」
っていつも言っていたみたい

子どものときに
「自分らしくしていいんだよ」
って言ってくれる
大人がほしかった

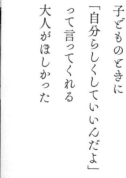

顔も見えない世間の価値観に

自分の人生のハンドルは渡さない

「普通はこう！」って相手に言ってると、

自分も普通じゃないといけなくなるでしょ

私、ずっと自分のことを
劣等だと思っていたの
本当の自分を見せたら、
嫌われちゃうんじゃないかって、
ずっと怖かった

でも変わりたいから、
もう逃げないって決めた
自分が変わらなきゃ、
何も変わらない

はじめに

はじめまして。西村宏堂《こうどう》です。

私は、僧侶で、メイクアップアーティストで、LGBTQの当事者です。お坊さんとしてお経を唱えて、メイクもして、ハイヒールも履き、キラキラのイヤリングもつけて、同性愛者であると公言しています。

といっても、堂々と胸を張って自分のことを話せるようになったのは、26歳からでここ数年の話。私は20年以上、周囲の人たちと違うセクシュアリティを隠し続け、自分は劣等なのだと思い生きてきました。他人に笑われたり、批判されることにビクビクしながら、自分が〝普通じゃない〟ことに罪悪感を感じ、正直な気持ちを隠しながら生きてきたんです。


私は東京のお寺に生まれました。でも、両親から「寺を継ぎなさい」と職業を押しつけられたことはありませんでした。幼少期は、お姫様ごっこやお絵描きなどの遊びが大好きでした！　幼稚園の卒園文集に書かれた先生の言葉には、私がシンデレラごっこの遊び方をみんなに教えてあげていたとありました。母は私が家で「こうちゃん、女の子よ！」と言って、母のミニスカートをはいてくるくる踊っていたと言います。

大人になってから、家の掃除中にたまたま見つけたカセットテープに、幼い私の歌声が録音してあったのを聞きました。めちゃくちゃな多言語の即興曲を自信満々で歌っているの！　カセットの中の私は自信にあふれていてビックリだったんだけど、同時に寂しさも感じました。あのときの私はどこに行っちゃったんだろう？本当の私は自由な表現をすることに抵抗がなく、自分のことが大好きだったのに。

思い出してみると、私の中に変化が起こり出したのは、小学校に入ってから。男女の違いがハッキリ分かれるようになって、「女の子っぽい」とバカにされることもあったから、いつの間にか本当の自分を封印してしまったんですよね。

さらに、高校入学をきっかけに、私の心は完全封鎖。人生のアップダウンをグラフに表すとすると、私の高校時代は、用紙からはみ出るほど下降して、真っ黒に塗り潰された暗黒の谷。男子は野球やお笑いの話で盛り上がり、女子はゴシップや男子について話していました。私はディズニー・プリンセスが好きとは、まさか言えるわけもなく、結局心を許せる友だちはひとりもできませんでした。高校の三年間は、ひとりぼっちであることを隠すのに必死で、「私は悪い人間ではないのに、なぜこんな寂しい思いをしなくちゃいけないの?」と苦しむ毎日でした。

高校卒業後は、「人と違う私でも、アメリカなら受け入れてくれるんじゃないか」という期待を胸に留学。なのに今度は「日本人であること」の劣等感にさいなまれ、外見のコンプレックスは増幅し、やはり友だちはできないしで救いようのない気持ちになってしまいました。

そんな私の人生が変化しだしたのは、ボストンでの語学学校とカレッジを経て、20歳でニューヨークの美大に進学したころから。堂々と自分を主張する学生や先生たちに囲まれて、私をずっと苦しめていた〝普通〟や〝常識〟が少しずつ塗り替えられ、1日の中で笑顔の時間が増えていきました。メイクアップアーティストのアシスタントになったのもこのころ。

でも、人生が上向き始めても、人生グラフは谷底のまま。その理由は、両親にカミングアウトできていなかったから。小さいときから私は、頭の上にクモの巣がはっているように、上を見上げたくても頭を上げられず、気を許したら嫌なものに引っかかってしまうような緊張感とともに生きてきました。

そんな私が一大決心し、両親にカミングアウトすると決めたのは、僧侶の修行に入る直前の24歳のとき。カミングアウトを果たしたときは、頭上のクモの巣がスパッと払いのけられ、宇宙まで見上げられるよう！　ピーチサイダーのプールにドボンと飛び込んだかのように、人生がキラキラと輝きだしたのです!!

そこからの私の人生は勢いのよいサイダーの泡のように上昇して、２０１９年までアメリカを拠点にメイクアップアーティストとして活動し、たくさんのモデルや著名人にメイクする機会に恵まれました。帰国後は、新聞、テレビ、雑誌などのメディアに取り上げていただく機会が増え、増上寺《ぞうじょうじ》、イェール大学、国連でのスピーチなどさまざまな形で、自分の経験と想いを伝えるチャンスをいただきました。

これが私の30年ちょっとの人生。

今でこそ私は、私として生まれてきたことを幸せだと胸を張って言えるけれど、人生の半分以上は、モノトーンの谷底暮らし。

もし今、かつての私のように、「自分の好きな自分で生きていくなんて想像できない、それは一握りの人ができること。谷底から這《は》い上がれるわけないじゃん!!」って思っている人がいたら、私は私の経験から、「うん、もちろん難しいけど、自分の考え方次第でその谷底は埋められる。自分の谷底を埋められるのは自分しかいないから」って伝えたい。

私は自分に嘘がなくなって、自分を好きと思えるようになって、自分らしく生きる場所を自分で見つけて、谷底に埋もれていたときの悲しみや悔しさといった負の感情さえも今はパワーに変えることができるようになった。

深い深い谷が埋め立てられて、地盤がしっかり固まると、前は想像もできなかったハッピーに向かってもっと高くジャンプできるようになった。暗黒だったモノトーンの生活は終わり、カラフルな世界が見えるようになったの！

もちろん、つらかったことの記憶を全部忘れてハッピーとはいかないけど、谷から這い上がることで、自分らしくいられるためのいろいろなコツを覚えたの。

私は、けっして優れた人間ではありません。

学校の成績も英語と美術をのぞけばダメ。マラソンも途中でお腹が痛くなってビリ。お坊さんの修行をするための入行試験《にゆうぎようしけん》には一度落ちています。

こんな私でも、自分を好きになることができたと多くの人に知ってほしい。

生きていれば、しがらみってたくさんある。本当の自分を隠して、他人と同じ色に染まって生きるのって、ラクなように見えて、とっても苦しいじゃない？

『阿弥陀経《あみだきよう》』という経典に「青色青光《しようしきしようこう》　黄色黄光《おうしきおうこう》　赤色赤光《しやくしきしやっこう》　白色白光《びやくしきびやっこう》」とい

う一節があります。青い蓮の花は青く光り、黄色の蓮の花は黄色く光り、それぞれの花がそれぞれの色で輝いていることが素晴らしいという意味。

みんな違うからこそ美しいのだけど、現実には、それぞれの違いを理解してもらうことは難しい。だからこそ、自分の気持ちをどう相手に伝え、他人からどう自分を守り、最後はどう相手を味方につけるのかを、この本を通じて伝えたいのです。

私は今、自分がユニークであることに胸を張っています。

自分を押し殺して生きるのはつらいことだと知っているからこそ、私は皆さんを応援します。自分を好きになって、堂々と生きてほしい。

まず大事なことは「自分を信じられること」。なぜなら自分を信じられることが「相手も自分を信じてくれる」第一歩だから。

でも、信じるためには信じられるだけの理由が不可欠です。

その理由を探っていくために、私の体験や考えが、少しでも誰かのお役に立ちますように。

正々堂々　私が好きな私で生きていいんだ／目次

言えないというのは、悲しいこと。自分を自由にしてあげられるのは、**正直な姿を他人に見せること**、それしかないんだと思う

言われて腹の立ったことこそが本当に自分が大切にしていること。どうでもいいことなら、怒りもしないよね

怒りは自分に正直であることを怠って、我慢をしたときに出てきやすいの。仏教では我慢は慢心と言われてる。**我慢は、自分も相手も傷つけてしまうの**

自分の心を無視してまで頑張らないで。自己破壊的な思考で自分を苦しめていないかを一度、確かめてみて

自分に自信がないと感じている人って、みんなよりできないから自信がないと思っているかもしれないけど、**自信って「人より秀でていること」だけじゃないの**

得意も不得意も等身大で受け止めることがはじめの一歩。**「できる自信」だけじゃなく「できない自信」も大事よ**

全部、自分で解決しようと思わない。一人ひとり能力は違うのだから、できないことは認めてプロに頼っちゃう

手に入れられない理想を追いかけるより、自分にしかなれない自分になることのほうがよっぽど自分を好きにさせてくれた。**私はハーフ風じゃなくてアジアンビューティーがピッタリ！**

褒め殺しゲームで自己肯定感を育ててみて。個性をのばしていけば、それが長所になる

2章 自分が変わったから、味方が現れた

自分の好きな自分で生きていくって決めたら、人間関係を怖がっていられない

私の考えを180度変えた親友チェチ＆カミとの出会い。
私の価値観をぶち壊してくれた大好きなスペイン！

こんなに多くの人や企業、大好きなディズニー・プリンセスが応援してくれている。
私は劣等な人間じゃないんだ！　もう何も怖くない！

美術大学では学部長も学生もＬＧＢＴＱであることを隠さない。
私が本当に自由になるために必要なのは**両親へのカミングアウト**

旧石器時代から30世紀へ一気にワープ！
モノクロの世界にカラフルな虹がかかったの！
「そうだよ」と認めることで、自分も相手も変われた。
弱さを見せる勇気を出すの。弱い自分にも自信を持つことが大切よ
周りに自分の正直な気持ちを伝えたら敵ができるかもしれない。
でも、そうしないと、味方も増えていかないの
多様性とかダイバーシティって世間が言っているけど、
実はとっても身近なことなの

地球に生まれた限りは地球人みんなとわかり合えればいいけど、
全員と仲良くするのは無理！　**嫌なときは上手に感情を伝えてみて**

3章

自分を苦しめる「常識」を書き換えてみた

昔から大事とされていることは「虚像」なのか「良薬」なのか見極めるの

4章
自分が好きになれる自分にアップデート

外見も中身も納得できれば私はこういう人間ですって堂々と伝えやすくなる

1章

私の人生は私が決める

顔も見えない世間の価値観に
自分の人生のハンドルを
渡しちゃダメ！

私のことは、私が決める。自分のことを他人に決められる必要なんてないの。あーだこーだ言ってくる批判は基本、相手にしない

私は私のことを「男でも女でもない」と思っているし、「男でも女でもある」とも思っているんです。

でも、日本で過ごした高校生までは選択の余地なく男子として扱われていたし、大人になってからも「男手が必要だから来て」とか、私を男性として認識して声をかけてくる人ばかり。私の体は男の人のものだから、それは仕方のないことだとわかってはいるのだけれど。

でもね、私の体は私のものだし、私の心も私のもの。本来、誰かに「男だ、女だ」と定義されるべきものではないと私は思ってるの。

メディアへの露出が増えてからは、「メイクをしたり、着飾るのは本物のお坊さんではない」と、ＳＮＳ上で私を批判するコメントも目にしました。

でも、私はお坊さんです。修行をして、試験にもすべて合格し、伝宗伝戒《でんしゅうでんかい》道場《どうじょう》も成満《じょうまん》しました。衣と袈裟《けさ》を纏《まと》い、お経をあげている私がお坊さんでなかったら何？　誰がどう批判しようと、私がお坊さんであるという事実は揺るがない。誰も反論などできないのです。

セクシュアリティのことも仏教のことも、大切なのは、誰がどう思うか、世間にどう見えているかではなく、己の信じる姿が「真の姿」ということ。

「自分がどんな人間であるか」を迷いなく認識できることは、自分の人生をちゃんと支配下に置き、自分らしく生きる上においてもっとも大切な根っこの部分のようなもの。ここがしっかりしていないと、青々とした葉も茂らないし美しい花も咲かせられない。

物心つくころには、男性を好きな自分は社会から差別され、バカにされる存在なのだと思って生きてきたから、「私は私らしく生きていていい」と言えるようになるまでの道のりの険しさはわかってる。

でも、その道があったからこそ、モノクロでミニチュアな街でおどおど暮らしていた自分から、カラフルで大きく広がる世界で正々堂々と歩ける自分になれたと思います。

私はLGBTQの一員だけれどLGBTQのどのカテゴリーにも属さない。世界は多様な人であふれてるの

私は男性の体に生まれ、戸籍上の性別も男性だけど、性自認（ジェンダー・アイデンティティ）は男性ではないんです。じゃあ、女性なのかというと、それもまた違ってて。私は、小さいころからずっとディズニー・プリンセスが大好きだけど、性別適合手術を受けて女性の体になりたいかというと、それも違う。「見た目は男性で、心が女性の人はゲイ？　それともトランスジェンダー？」と聞かれると、ちょっと答えに困ってしまう。

実は、私も20代前半まで自分はゲイだと思っていたんです。でも、ゲイは「性自認が男性で、男性を好きな人」のことを言うそうで、私はこのカテゴリーには含まれない気がします。

もちろん、LGBTQのL（レズビアン）ではないし、G（ゲイ）でもない。

恋愛対象は男性だから、男女どちらとも恋愛のできるＢ（バイセクシャル）でもない。あえて言えば、性的マイノリティ全体を指すＱ（クィア）なのだけど、Ｑには自分の性について探求中であることを指すクエスチョニングも含まれるから、探求中ではない私は、ちょっと違うかなぁというのが本音。

私がLGBTQの一員であるのは間違いないけれども、正確に表現しようと思うと、LGBTQのどのカテゴリーにも属さない。私のことを間違いなく伝えられるのは同性愛者なんだけど、それだと心の性についての表現ができなくて……。そういうもどかしさを感じているのは、私だけではないと思う。

ニューヨークのプライド・パレードに一緒に行った女の子は、当時、付き合っている彼女がいたけどその数年後に中国人の男性と結婚したし、ゲイと公言していた男性が女性と結婚してパパになったケースも聞いたことがある。ストレートを自認する人でも、その濃度は人それぞれで、男っぽい要素と女っぽい要素が共存しているでしょう？　それくらい、人の性は多様なんです。

自分が人からどう扱われたいかはその人にとって大切なことだと思うから、私は誰かと接するとき、相手を男でも女でもＬＧＢＴＱでもなく、**一人の人間として目の前のその人を見ようって、自分と約束しています。**

他人に自分の人生を委ねないで。誰かの言う通りに生きて将来自分が後悔しても言った人は責任を取ってはくれないから

男性を好きな自分は恥ずかしい存在なんだ。ずいぶん長い間、私はそう思い込んでいて、本当の自分を外に出せずにいたんです。自分に正直でいられないまま社会の中に存在するというのは、誰からもウェルカムじゃないような感覚で常に後ろめたさを感じながら生きているようなもの。とてもつらかった。

願わくは、子ども時代にＬＧＢＴＱとして堂々と生きている人に出会って、ＬＧＢＴＱであることは悪くもなんともないことなんだっていうメッセージを受け取りたかった。そうすれば、こんなに苦しい思いをしなくてすんだのに。無知であるがゆえの悲しさ、ですよね。

子ども時代の私は、自分が誰かより劣っているという扱いを受けたときにはそれを鵜呑《うの》みにしていたし、オカマやホモと呼ばれる人はバカにされても仕方

ないっていう風潮を受け入れるしかありませんでした。「みんながそう思っているからそうなんだろう」って、自動的に思ってしまっていたんですよね。だけど、心の中ではやっぱり納得していないから、その状況に対して「私はけっして悪い人間ではないのに、なんで?」って自分を責めたり、「みんなに言ってもしょうがない」と諦めてしまっていました。

でも、どう生きていくかは、自分の決断。

納得いくまでは、自分らしく生きていくことを諦めたくないと思ってた。私は人生の途中でLGBTQは恥ずかしいことじゃない、「みんな」が考えるような劣等な存在ではないと思えるようになって、堂々と生きる道を選びました。そうできて、本当によかった。

「みんながそう言っているから」って自分の生き方を決めてしまうのは、とても怖いこと。**だって、私の人生がうまくいかなかったとき「みんな」は私を助けてはくれないでしょう? それに、誰かもわからない「みんな」に文句を言ったところで私自身も救われない。**

私は今でも、「みんな」や「普通」や「常識」という言葉には気をつけているし、安易に口に出しません。「みんな」なんて、実体のない存在なんだから。

自分の価値を自分が信じていなければ周りは変わらない。「私は〇〇な人間です」と断言できることで世界は変わる

お坊さんの修行をしているとき、「自分が信じていない仏教や信仰をどうやって他の人に信じてもらえるだろうか?」と問われ、確かに! と思ったことがありました。その人が心から信じているかどうかは、発言や表情から周囲に伝わるものだし、強い信念から生まれる言葉には人の心を動かす力がありますよね。

「私は〇〇だ」と信じて言い切る強さを教えてくれたのは、2018年のミス・ユニバースでスペイン代表だったアンヘラ・ポンセです。彼女は、1952年から開催されているミス・ユニバース史上初のトランスジェンダーの女性。

世界中で大きく報道された分だけ、「ミス・ユニバースの伝統に傷がつく」「トランスジェンダーのための大会に出場すればいい」といった彼女に対する批判

の声がたくさん上がりました。でも、アンヘラはいつだって、「私は女性です」と力強く言い返していたんです。

この大会にメイクアップアーティストとして参加していた私は、彼女に「私は前から、ミス・ユニバースに憧れていたの。だから、あなたが女性としてこの場にいることは、私の夢が叶ったようですっごく嬉しい」と、つたないスペイン語で伝えました。そうしたら彼女は、笑顔でこう返してくれました。

「私は、生まれる前から女性なの。体は違ったけれど、女性なんです。女性という言葉は、ひとつの限定した形を示すものではないの。人種、体形、病気、いろいろなバックグラウンドを持つ多様な女性がいて、私はトランスジェンダーの女性というだけのこと。だから、私は女性なんです」

こう言われて、それでも「いいえ、あなたは女性ではないですよ」と反論できる人がいる？　いないでしょ？

「本人が断言していたら、周りの批判は効力を失う」

アンヘラのこの言葉に、私は強く同意します。私はこういう人だと断言するには、自分自身を納得させられるだけの深い思慮が必要だし、断言することで目立ってしまう怖さもある。けれどこの断言する強さを、私は自分とみんなのために持ちたいのです。

自分のハンドルは自分で握る。
いつの間にか顔も見えない価値観に
あなたの人生のハンドルを
握られてしまっていないかしら？

トランスジェンダーの女性として、ミス・ユニバースの歴史に名を刻んだアンヘラ・ポンセ。トップ16入賞は逃したけれど、大会の最後に特別にランウェイを歩き、スピーチをしました。自信に満ちた姿でランウェイを歩くアンヘラの姿を見て感動したし、そこに自分自身を重ね、涙があふれ出てきました。

なにより嬉しかったのは、ミス・ユニバース機構がその演出を決定したこと。世界の多くのリーダーたちは、平等で正しい価値観を持っているのだと知ったことは、私に勇気を与えてくれました。

それにしても、スペイン国内の大会を勝ち抜き、代表に選ばれたアンヘラに、同じ女性からも批判の声が上がったのは何とも悲しいこと。その攻撃性がどこからきたのかと考えてみると、やはりその根底には、伝統や慣習という顔の見えない価値観があるように思えてならないんですよね。

特定の誰かを攻撃するような批判や非難は、世間体や常識といった実体のないものを根拠にしていることがほとんど。

それなのに、顔の見えない世間体を恐れ、国境を越えればガラリと変わってしまう文化や常識を気にして、本当の自分で生きられないなんて寂しいと思わない？　そう問えば、たくさんの人がその通り！　と答えてくれるはず。でも、頭では理解しながらもそれを行動に移せずにいる人が多いのではないかな、とも想像します。

なぜなら、私も長らくそのひとりだったから。私も世間の声や反応を恐れ、自分が同性愛者であることは言えなかった。「大丈夫、大丈夫」って背中を押してくれる人との出会いや体験がなければ、いまだに本当の自分を隠しながらビクビク生きていたかもしれないし、正直、今も怖いときがあって。怖くなったときは「大丈夫、大丈夫！」って、自分で自分を鼓舞しています。

人生のハンドルを自分の手で握り、好きな自分で好きな場所へと向かうためには、自分を縛りつけているものの正体を見極め自分を解放することが必須。

今、あなたの人生のハンドルはあなたが握っていますか？

私の人生なんだから、
私が納得する
生き方を
選んでいくの。

性別だって、
私が決める。

周りの目ばかり気にしていたって、
相手が本当にどう思っているかは
わからないし。
自分を大切にするって
もしかしたら
わがままかもしれない。

でもわがままでもいいんじゃない？
多くの人はわがままの
「わ」で止まっている感じがする。
せめて半分の
「わが」ぐらいまで
いくのはどうかしら？

自分のトラウマがどうして生まれたのか思い出してみた。本当の理由を見つけた瞬間、私はラクになったの

18歳で日本を離れるまで、私は自分が同性愛者であることを親にも、先生にも、同級生にも、誰にも打ち明けられなかった。

私の両親は、ドイツ留学の経験があってドイツ語と英語を理解するし、海外の人と接する機会も多く、偏見を持つタイプではないんですね。それに父は、大学で漢文やサンスクリット語、パーリ語を教える教授でもあったので、歴史に対する理解も深いんです。

そんな両親に対してさえ、自分が同性愛者だと伝えることはできなかった。その理由のひとつに、**心の足かせとなっていた幼いころの記憶**があります。

4歳か5歳くらいのとき、はとこのお姉さんが私に、虹色のラメ入りマニキュアを買ってくれたんですね。塗ってみたら、爪がキラキラ輝いて、キレイ

になったのがすっごく嬉しくて、母に見せに行ったんです。

そうしたら母は「こうちゃんには、そういうことをする大人になってほしくないな」って。期待していた反応とは違ったし、「私が女の子っぽくしたら、ママはイヤなんだな……」って、幼い私は思ってしまいました。

また、小学生のときに父と浅草を歩いていたらトランスジェンダー（当時の言葉でいうならニューハーフ）の人がいて、「あの人、男だよ」とこそっと私に耳打ちしたんです。内緒話のような雰囲気に、「男の人が女の人の格好をすることはダメなこと」なのだと私は解釈しました。

誰にでも、小さいころに何気なく言われたひと言に傷ついた経験があるだろうし、親に好かれないことはしたくないって思うじゃないですか。その心理が、「『こうちゃん、女の子よ！』なんて人に言っちゃいけないんだ」「男の人が好きな私は差別される人間なのかも」って、私は思い込んでしまったんですよね。

後々、**母の発言も父の発言も、私の勘違いだった**ことがわかるんだけれど、自分らしさを閉じ込めてしまうきっかけって、どこに転がっているかわからないものですよね。

言えないというのは、悲しいこと。自分を自由にしてあげられるのは、正直な姿を他人に見せること、それしかないんだと思う

トラウマとなっている事柄は、どうしたって記憶から消えてくれないもの。でも私は、わだかまりをしっかり解決しておきたいと思って、両親にカミングアウトした数年後、あのときなぜそんな発言をしたのかを聞いてみました。

そうしたら母は、「私はマニキュアを塗ると、爪が呼吸できない感じがして嫌なの。だから、マニキュアを塗るのは不健康と思ったのよ。だけど、こうちゃんが幼稚園のとき、私のスカートだってあげたでしょ？　こうちゃんが、女の子の格好をすることをダメとは言わなかったでしょう？」って。言われてみれば、確かに！　幼少期の写真には、風呂敷を頭にかぶってロングヘアにしている私や、母のスカートをはいている私の姿がちゃんと残っているんですよね。

そして、父の「あの人、男だよ」という言葉に他意はなく、ただ、トランス

ジェンダーであるという事実を伝えただけ、だったそう。するするっと誤解は解けました。そう、誤解だったんですよね。でも、当時はまったくそんなふうに捉えられなかった。

日本にいるときも、アメリカに渡ってからも、私がストレートの男性でないことが、私以外の誰かから両親に伝わってしまうことをものすごく恐れました。私が同性愛者であることがバレたら見捨てられるんじゃないかと考えるだけで怖かったし、回り回って両親の耳に入るのを恐れて、親しい友人にも絶対に打ち明けられなかった。

自分の核心をなすことを言えずにいるのは、本当の自分ではいられないということ。他人とどこか違うからといって、自分という人間を自分が認められないのは、とても悲しいことですよね。結局、心の足かせを外す方法は、「言う」ことだけだと思うんです。

もちろん、すべての人がありのままの自分の姿を誰にでも言えるわけじゃない。でも、受け止めてくれそうな人にだけでも言うことでラクになれるかもしれないとも思う。必ず言う必要はないけど、自分のタイミングで伝えることを決めたのなら、私はその勇気を応援します。

自分がどういう人間であるか
を誰かに伝えるときは、
言うまでがいちばんつらい。
しっかり考えて準備して、
いつ、どこで、なんて言うのか
ドキドキ、バクバク！

でもその勇気こそが
私の人生を動かした。
伝えたら、つらさは消えて、
ラクになった。
それまでのつらさを
全部忘れちゃうくらい
今では楽しく
生きていけてるの。

言われて腹の立ったことこそが本当に自分が大切にしていること。どうでもいいことなら、怒りもしないよね

自分が同性愛者であると親に告げてから、私は本当にラクになれた。父は、檀家《だんか》さんの反応が気がかりだったようだけど、ある檀家さんが私の出演したＮＨＫの番組を見て、感動したというお手紙をくださったり、浄土宗の僧侶に向けた講演会でスピーチする機会をいただいたり、好意的な反応が続いたことで安心したみたい。

一方、ネットの世界では「お坊さんなのに、メイクなんてするな！」というような批判を目にしてしまって。あまりに的外れな意見には、反射的に「仏教のことをちゃんと知らないくせに」って言い返したくもなるけど、そんなときこそ、「どうしてこの人はこんなことを言ったのかな」と思いを巡らせます。

20代後半のある日、とても信頼していた人から「同性愛は、添加物を摂りす

ぎたことによるホルモンの異常で、自然の摂理に反することだ」と言われたり、「あなたはご両親にどう育てられたの」と、面と向かって罵倒《ばとう》されたりしたことがありました。腹が立つのを通り越して、びっくりでした。どうして私に向かってそんなことを言ったのか理解に苦しんだし、今でも思い出すたびに胸のあたりがフツフツと沸騰してくる思いがして、絶対に忘れられない。

そのときは感情的に言い返したら負けだと思い、「今までいろいろ教えてくださいまして、ありがとうございました」とだけ伝えて帰路につき、電車に揺られながら「なぜ、私はこんなにも憤っているのか。なぜ、あの人はあんなことを言ったのか」を考えました。

私はセクシュアリティのために悩み、自分を愛せるようになるためにセクシュアリティを大切にしてきた。そして両親もまた、私にとっては大切な存在。自分にとって大切なものを非難されたから、私は怒りを覚えたんです。

罵倒や批判は、その人自身が「私は幸せではない！」と叫んでいるようなもの。本当に幸せで満足している人は、他人を罵倒しないはず。

相手に負の感情をぶつけられたときは、ついつい自分も負の感情になりがち。でも、相手の感情をそのまま受け取らなくてもいいんだって気づいたんです。

怒りは自分に正直であることを怠って我慢をしたときに出てきやすいの。仏教では我慢は慢心と言われてる。我慢は、自分も相手も傷つけてしまうの

怒りという感情の出どころは、たいてい、自分の中にあると私は思っていて。仏教でも、怒りは自分が正しいと思う考えから始まるもので、怒り・欲・迷いは三毒といって、人間の苦しみを生むものと教わりました。

たとえば私はこの間、「本当にいつもこの人の話は長いんだから」って、イライラしたんです。でも、いつもはそんなふうに思わないのになんでイライラしたんだろうと考えたら、そのときは私がトイレに行きたくてそわそわしていただけ(笑)。私が相手に、「ちょっとごめん、お手洗いに行ってくるね」と言えばよかったんです。

怒りは、自分に正直であることを怠り、やりたいことを言えない、できないと我慢したときに起こりやすい。だって、人のせいにするほうが簡単

だから。

家や地域のルールにがんじがらめで身動きが取れなかったり、学歴がすべてだと勉強ばかりさせられたり、我慢をしながら人生を送ってきた人の中には、メイクもしてハイヒールをはくお坊さんの私に対して「そんなのお坊さんじゃない！」って、怒る人がいるのは仕方のないこと。だって私の存在を認めてしまったら、「今までの自分の価値観はなんだったの？」と思うんじゃないかな。人は慣れ親しんでいないものに不安を抱くというのが当たり前の反応だと思う。

「我慢」というのも実は仏教用語で、今は一般的に辛抱するという意味で使われることが多いけど、もともとは字が表す通り「我を慢心すること」という意味。自分が正しいと思い驕《おご》り高《たか》ぶって、他者を軽んじるという、よくないことの教えなんですね。

我慢が慢心というのは本当にそう。私もかつて、この人のためにと思って自分の時間を削り、気持ちを押し殺して我慢していたことがあって。それって、この人には私が必要だっていう慢心そのもの。その結果、その人のことが大嫌いになって、アトピーを悪化させて苦しみました。

この先も自分の気持ちを我慢してしまうことって、絶対ある。そんなときは私は、「何か我慢していない？」と自分に問いたいと思います。

自分の心を無視してまで頑張らないで。自己破壊的な思考で自分を苦しめていないかを一度、確かめてみて

まだまだ世の中には、我慢は美徳だとか、自己犠牲が美徳のように語られる風潮があるけれど、一度きりの人生、我慢ばかりで自分が楽しくなかったらつまらない。でも、相手を無視しろってことじゃないの。

私個人の考えとしては、自分を大切にして生きるために不必要な我慢はしない、ということは、悪いことじゃないと思います。

我慢しなくていいし、素直な気持ちを隠さなくていいし、弱い自分を見せてもいい。もちろん、やりたいことをやっていいし、自分の意見を言っていいし、人生を楽しんでいい。というか、むしろ人生は楽しんだほうがいい！

「そうはいっても宏堂さん、自由にならないのが人生でしょ」という声が聞こえてきそうだけど……。忘れないで。自分が選択したからこそ、今があること

を。親が、先生が、上司が、親友がこう言ったからは、ナシ。**誰かに言われたことに従っているのなら、それは他人に自分の人生を委ねていることになってしまう。**

自分の正直な決断を邪魔するのが、我慢や自己犠牲をよしとする自己破壊的な考え方だってことがよくあると思うの。

自分のために頑張るのは大賛成だけど、頑張りの根底に「自分さえ我慢すれば」とか「みんなだって頑張っているんだから自分だけやめると言えない」なんて、自己破壊的な考えが潜んでいることって、案外多いんじゃないかしら。

でもね、「みんな一緒じゃないと」という思考は自分を苦しめるだけ。自分らしく生きるためには、自分を守るための線引きがどうしても必要。みんなと違うことを主張することや、お誘いを断ることにブレーキをかける必要はないんだよって、私はその都度、自分に言い聞かせて勇気に変えています。

自分の人生は自分で決めなくちゃ。

やりたくもないことを乗り越えるために、自己破壊的な思考で自分を苦しめてはダメ。自分を守ることは、自分を愛することだから。

輪廻転生のように、後の人生のために今頑張ることは否定しないけど、今の人生を楽しまないなんてもったいない。私たちは過去に生きることもできなければ、未来に生きることもできない。今に焦点を合わせて生きることは、自分を大切にすることと同義。

今しか生きられないんだから、自分の楽しみを先延ばしにしなさんな。そのときどきで実行しておかないと、楽しみそびれる人生になっちゃう！気づいたら、終わっちゃう！

自分に自信がないと感じている人って
みんなよりできないから
自信がないと思っているかもしれないけど、
自信って「人より秀でていること」だけじゃないの

「自分の好きな自分で生きていく」ために必要なことは、自分を好きになれるだけの理由を手に入れて、それに自分自身が確信を持てることだと私は思ってるの。

そのために、自分に自信を持つという過程はどうしても避けて通れないのだけれど、多くの人が「自信＝能力があること」だと誤解しているように思えてならないんです。

自信を文字通りに解釈すれば、自分を信じる、ということ。

では、自分を信じるために必要なことって何？

「自分がどんな人間なのかを知っていること」というのが、私の考え。

自分を知っているというのは、自分の〝できること、できないこと〟をしっかり理解して、それを信じている状態。それが自信だと思うんです。

語学が堪能とか容姿が美しいといった能力や状態の自信はもちろん素晴らしいけれど、自分を上回る人が現れた瞬間にその自信は揺らいでしまわない？

能力や状態の自信は、落ち込んだり困ったりしたときに、自分を支えてくれるものではないんですよね。だから私は、それを本当の自信とは思えなくて。

私の考える本当の自信は、どんなに苦しい状況でも、「自分のことを知っているから大丈夫」と応援して守ってくれるもの。

「そもそも得意なものなんて一つもないし、今は精神的にとても疲れていて、何かに挑戦する勇気も湧いてこない」と苦しい状況にある人がいたとして、私なら「あなたは、今の自分の状態をよく知っているという揺るぎない自信を持っているじゃない。すべての人が同じように頑張れるというのもおかしな話で、自分の状態を受け止めて、理解して、あるがままの自分を認めてあげられるのはとても素晴らしいことよ」と伝えたいわ。

自分がどんな人間であるかを知って、それをポジティブに受け止められるようになると、誰かと能力だけで比較することの無意味さに気づけるし、どんなときも揺らがない自信になる。

それが、人生を生きやすくしてくれるって、私は信じてる。

得意なことを誇るよりも、
自分が好きなことを大きな旗にして
誇らしく掲げて楽しむ人生って、
最高！
自分の「好き」を掲げたら、
誰かが掲げた
「好き」も応援してあげて。

お互いが自分らしくいられることは
お互いに自由そのもの。
得意・不得意に優劣は発生して
しまうけど、「好き」って気持ちに
優劣なんてないの。
相手の「好き」を認められれば、
自分の「好き」をもっと好きになれる。

得意も不得意も
等身大で受け止めることがはじめの一歩。
「できる自信」だけじゃなく
「できない自信」も大事よ

得意や不得意の自信はテクニック的な自信だと思うの。私の「できる自信」は、語学と美術に関すること。

語学に関しては、英語とスペイン語の勉強を今も楽しんで続けているし、話すと驚かれたり褒められたりすることが多いので、得意なほうかな、と思ってます。私の「できる自信」の活かし方は、多くの言語で挨拶を覚えて、その人の国の言語で挨拶すること。相手の国の言語で話しかけると喜んでもらえるし、一瞬で相手との距離が縮まるんですよね。

一方、私の「できない自信」は、スポーツや歴史などたくさんあるけど、諦めたのは車の運転。これは本当に苦手で、大事故を起こしかねないし、都心に住んでいるからか、運転ができなくてもあんまり困ることがないのです。

でもね、できないからやらない、って決めてかかっているわけでもなくて。私は歴史が苦手だけど、旅行先やSNSで世界中の人と接するたび、その国の背景や歴史を知っていたらもっと深くコミュニケーションをはかれるのにって感じていたから、今は、ジムのトレーニング中にPodcastの「世界一周！チラ見の世界史」、略して、「セカチラ」を聴いて勉強しています。以前に歴史マンガを読んだときは全然頭に入ってこなかったけど、「セカチラ」はときにニヤけながら世界の歴史や文化に触れられて、ラジオ感覚で私でも楽しんで続けられています。

これまであやふやだった知識に輪郭ができると、不安や劣等感が少しずつ影を潜めていってくれるから、やはり知ることは大切だなって痛感してる。

大切なのは、できることも、できないことも、実力を偽らずに認めること。できないという事実をまずは自分が受け入れないと、それを隠したり跳ね返したりするための無駄な労力が必要だし、いらぬプライドや見栄が身についてしまう。その**プライドや見栄は、自分に正直に生きるうえで足かせにしかならない**んですよね。

できないことを自分が認めていたら、できないなりのやり方を模索して前に進んでいける。だからこそ、**「できない自信」も大事なんだ**って私は思ってる。

全部、自分で解決しようと思わない。一人ひとり能力は違うのだから、できないことは認めてプロに頼っちゃう

苦手なことは、まだまだたくさんあって。電化製品の説明書を最後まで読んでしっかりと理解するとかね（笑）。でも、その分野に詳しそうな人に連絡して聞いているから、あまり困ることもないのだけど。

できるもできないも含めて、人にはそれぞれ能力があるのだから、何もかも自分ひとりで抱え込んで頑張る必要もないじゃない？

できない自信は認めて誰かを頼れば、〝できない〟が〝できる〟に変わることだってあるのだから。

私は超がつくほど片づけが苦手で、２０１９年の春に帰国したときは、実家の部屋にたくさんのモノがあふれていたんです。それこそ、小学生時代に読んでいたコミックやお友だちからのお手紙、同級生がくれたプレゼント、そし

て、その人との関係が悲しい思い出になってしまったモノまで。そんなありとあらゆるモノに囲まれている自分に問いました。「家が整理されていない人が、美しい表情で成功できるの?」って。

もちろん答えはノー。これはどうにかしなければと思い、『人生がときめく片づけの魔法』の近藤麻理恵さんのお弟子さんの中から、この人だ! と思う方にお願いをして、3回ほど片づけレッスンを受けたんです。

そうしたら今では、自分の持ち物すべてに目が行き届くようになり、ときめくモノに囲まれて生きていると言い切れるまでに成長! レッスンから半年以上が経っても、クローゼットや引き出しの中はキレイに整理整頓されていて、いつカメラで部屋を写されても大丈夫な状態をキープできています!

できないことを恥ずかしがるのでも隠すのでもなく、できる人の意見を素直に聞き、教えてもらったり助けてもらうのもまた、私のできること。

ただ、誰に教えてもらうかで結果は変わってくると思うから、「この人ならできない私をうまく導いてくれそう」っていう、〝人探し〟にはかなりこだわってる。悩む時間は短く、探すほうに時間をかけるのが私流なんです。

手に入れられない理想を追いかけるより、自分にしかなれない自分になることのほうがよっぽど自分を好きにさせてくれた。私はハーフ風じゃなくてアジアンビューティーがピッタリ！

自分のできる、できないを知ることが自信につながると言ったけど、「できる／できない」「得意／不得意」「長所／短所」、すべてをポジティブな方向にのばしていけば、それが〝自分らしさ〟を見つけるカギになると思っているの。得意なことはもっと得意になって自信が深まるし、不得意なことや短所だと思っていたことだって、考え方次第でチャーミングに変えることだってできる。

私は、「眠たくなるようなしゃべり方」と言われる自分の話し方が嫌だなと思って、長らく直さなきゃと思っていたんですね。でも、無理をしてまでハキハキしたしゃべり方を目指さなくたっていいじゃない、「癒される」と言われるように話し方を磨いていこうと考え方を変えたら、それが私らしさのひとつになりました。

かつてはコンプレックスだった細い目だって、二重にするアイプチをして目を大きく見せることに執着するのをやめて、私の目の特徴を活かすように、アイラインを横に長く引いて、切れ長の目を極めることで「これが私よ！」って、主張できる武器になった。

アジア人の中にパッチリ二重のハーフ顔に憧れる人がいるように、シャープでミステリアスなアジア人の切れ長の目に憧れる欧米人もいる。自分で美の基準を狭めてしまわないで、ユニークさも美しいと思う寛大な気持ちを、自分にも向けてあげたい。そう思えるようになって、私は変わることができました。

もちろん、自分の目をいきなり好きになれたわけじゃなくて、何度もメイクを練習して、気づいて、工夫してを繰り返した。自分でも好きと納得できるアイメイクが完成したら、すっぴんの目も好きになれていたんです。

当初、**思い描いていた理想とは違うんだけど、私らしいあり方を認めたら、それが自分にとても似合うとわかって、それが私らしさになりました。**

自分らしくいることは、とても心地のよいこと。心地のよい自分を感じられたなら、それは、自分が自分を愛してあげられているということ。

自分のことを「好き」になれるって最高に嬉しいことです。

褒め殺しゲームで自己肯定感を育ててみて。個性をのばしていけば、それが長所になる

かつての私は、自分を好きになれず、容姿のコンプレックスもあったし、自己肯定感は低かったんです。自分を鏡や写真で見ると落ち込んでいました。

いろいろ模索する中で、自分が大好き！　と言えるように変われたんだけど、そのきっかけになったと感じた「褒め殺しゲーム」をご紹介しますね。

トラウマになるようなことは絶対に言わないと信用できる友人に、「お互いの内面と外見でいいと思うところを10個ずつ言い合おう」と提案します。

やってみるとわかるけど、10個というのはけっこうハードルが高くて、絞り出さないと出てこない！　でもそこがいいんです。絞り出してもらうからこそ、自分でも見つけられない自分のよさに出会えるの。

「褒め殺しゲーム」を5人くらいとやると、みんなが共通して褒めてくれると

ころが見つかるの。その中には、「努力しているのだから、言われて当然よね」というものもあれば、「無意識だったことが、人にはそんなふうに評価されるんだ」って驚かされるものもある。どちらにしても、自分のよさを客観的に教えてもらうことができると、それが大きなパワーになります！

私がみんなに共通して言われたのは、「宏堂は、頭の形がキレイ」「動きがしなやかで素敵」というもの。修行をしていたころは、尼僧《にそう》の先生までもが「西村くんは、身のこなしがとてもキレイで上品ね」と褒めてくださったんですよ。

学生時代に「女の子みたいな走り方」とけなされた身のこなしが、褒められる個性になるなんて！　上品で美しくありたいという想いは持っていたけれど、無意識にやっていた日頃の所作を褒められたことがとても嬉しかった。

聞いている人が眠たくなる声としゃべり方にもコンプレックスを感じていたけど、友人から「宏堂さんは優しい話し方をする」「癒される」などと言ってもらえて、それを長所としてプラスに考えることもできるようになりました。

自分はこうだから、という思い込みの中に長所が埋もれていたらもったいない。ぜひ、「褒め殺しゲーム」などで埋もれた長所を発掘してみてほしいです。

2章
自分が変わったから、味方が現れた

自分の好きな自分で
生きていくって決めたら、
人間関係を怖がっていられない

母のミニスカートをはいて風呂敷を頭にかぶってディズニー・プリンセスになりきっていた幼少時代

私がどんな子どもだったのか、1枚の写真（199ページのプロフィール写真）を見ればまるわかりです。頭には増上寺《ぞうじょうじ》でもらった風呂敷を巻き、母のワンピースをドレスのように着て、今も私のベッドで一緒に寝ている犬のぬいぐるみのブブルちゃんを抱っこしている小さな女の子。これが、私です。

幼稚園では、遊びに使えるウエストがゴムのスカートがたくさんあって、お友だちに、「スカートを頭にかぶるとロングヘアになるよ」ってアドバイスして一緒にシンデレラごっこをして遊んだり、大好きなアリエルになりきったり。私は髪をなびかせて、スカートをひらひらさせることが大好きでした。

母には、お風呂のときに、「こうちゃん、女の子よ！」っていつも言っていたみたい。当時、街で「かわいい女の子ね」と声をかけられると、母は「いいえ、男の子なんですよ」って答えていて、それを聞くたびに私は、「えー、ちがうのに〜」ってがっかりしたのを覚えてる。

大好きなのは、ディズニー・プリンセス。お友だちが園庭や校庭でドッジボールをしていても、その輪の中に入りたいと思ったことは一度もなくて。突き指しそうで怖いし、そんなことするくらいなら、たとえひとりでも部屋の中でアリエルやセーラームーンの絵を描いているほうが楽しかったの。

同年代の方なら、『シュシュトリアン』を覚えてる？　くノ一のような和装の姉妹が主人公の戦隊ものなんだけど。私は、女性が何人かで悪に立ち向かうみたいなお話が大好きで、セーラームーンやチャーリーズ・エンジェルもそうですよね。

幼稚園のときはおもちゃ屋さんで売っているバトンやスティックは持っていなかったけど、雑誌の付録でそういうのがあると、当時19歳だったはとこのお姉さんがつくるのを手伝ってくれたんです。私はこのお姉さんが大好きで、大きくなったらお姉さんと結婚したいなと思っていたんですよね。単に、一緒に遊んでくれて楽しかったからなのか、結婚するのは男と女と思っていたのか、幼少期のセクシュアリティがどうであったのかは、自分でもよくわからないのだけれど。

「こうちゃん、女の子よ！」と堂々と言っていた幼少時代も終わり、だんだんと「俺」「僕」「私」どれを使えばいいのかわからなくなっていった

小学生になってからは、好んでオーバーオールを着ていました。中性的な雰囲気で、男の子でも女の子でもない私がすごく落ち着ける服装だったんです。

徐々に「男の子は嫌い」「男の子と遊びたくない」と言うようになり始めたので、母は自分の育て方が悪いんじゃないかと悩んでいたようです。母の本棚には『子どもの育て方』といったタイトルの本が並べてあり、それを見て、私には何も問題ないのに、こんな本まで読まなきゃいけないくらいに思われているんだなと受け止めて、とても悲しい気持ちにもなりました。

小学3年生の1年間は、教育センターにも通いました。センターの人と母が話している間、私は施設のお姉さんとストリートファイターのゲームで対戦するのが大好きでした。あとは、砂の箱庭があって、そこに私がお人形などをレ

イアウトするのだけど、今思えばあれは、私の心理状態を見ていたんですよね。

暗いことばかりじゃなくて、小さいころから歌って踊るのが大好きだったから、自分でつくったプログラムとチケットを母に押しつけて、テーブルの上で自作ミュージカルを開催したりもしていました。4時間とか長いものだから、母が途中で「お夕飯つくらなきゃ」と言い出したことに私は大激怒して（笑）。お友だちと『ウッチャンナンチャンのウリナリ!!』という番組のダンスコンテストに出場しようといって、ダンスの練習に励んだのも楽しい思い出です。

その一方で、プールの時間に海水パンツをはくよう強制されるのが嫌ではずかしかったし、勉強をする意味がわからなくて宿題の紙を鉛筆でぐちゃぐちゃに塗りつぶしたり、ひとりだけ居残り勉強させられたり。それに、学年が上がるにつれて自分のことを「こうちゃん」とは呼べなくなり、かといって「僕」や「俺」とは呼びたくないし、「私」というには幼すぎて……。苦肉の策で「うち」と呼ぶようになっていました。

自分は自分のままでは受け入れられないことを、いろいろな積み重ねの中で気づき始めていたんですよね。

勉強は美術以外、全部ダメだったけどハワイに憧れたことがきっかけで英語の勉強に火がついて無事に高校も合格！

中学生になってからも、勉強はまるでやる気なし。「数式覚えたところで大人になってから使っている人いないじゃない」「friendっていう単語で、どうして『フレンド』って読むのよ、意味わかんない！」と理不尽に思うことが多くて、勉強する気になれなかったんです。

でも、中学1年生の夏休み、家族で行ったハワイで英語に目覚めました！

ハワイには、母のピアノの生徒で近所に住んでいたみずえちゃんというお姉さんが留学していて、旅行中、スクーターに乗ったみずえちゃんが私たちの前に颯爽と現れた姿が本当にかっこよくて。PHS片手に、知り合いと「ハァ～イ、ワッツアップ?」ってやりとりして、レストランで私たちにメニューを訳して、英語でかっこよく注文する姿を見て「私もこんな生活がしたい！」と、強く、強く憧れて。**それからというものハワイ留学が私の目標**になりました。

そして、なんともラッキーなことに、中学2年生のとき、臨時教員として1年限定で英語を担当した先生が、ハワイ育ちの日本人女性だったんです。発音がキレイで、茶髪のポニーテールの先がクルンとカールしていて、とってもチャーミング！　その先生があるとき、クラスのみんなに向けて、先生と英語で交換日記をしましょうって提案したんです。2週間くらいでやめちゃう子が多い中、私の心はハワイ留学へまっしぐらだから、クラスでただひとりになっても毎日せっせと日記を書き続けました。先生は書く字までチャーミングで、間違っているところはピンクのペンで直してくれて、それを見てまた日記を書いてということを繰り返していたら、英語の成績が飛び抜けてよくなっていったんですよね（この交換日記のノートは今でも私の大切な宝物！）。

中学3年になって先生が替わってからも新しい先生に英語の交換日記をお願いして続け、英検準2級に合格したおかげで高校は推薦入試で無事に合格！

でも、これが地獄への入り口。進学校に行ってしまったせいで勉強面でも苦しみ、人間関係にも行き詰まり、ここから孤独な暗黒時代の幕が開くのでした――。

進学した高校で待っていた暗黒時代。学校に行きたくなくて遅延証明書をもらえることを毎日祈ってた

高校に入ってから、私の人生は急降下。私立高校に進学したので、今までの親しい友だちもゼロ。どんよりしまくりの暗黒時代に突入です。

男子グループは、野球やサッカー、お笑い芸人の話題で盛り上がり、女子はメイクやファッション、男の子の話題で盛り上がっていたのかな。中学校のころのように女子グループに入れるような雰囲気ではなくて、男子は男子、女子は女子と完全に分かれてて。どちらでもない私は、行き場を失ってしまい、友だちと呼べる人はひとりもいない教室で、休み時間は完全孤立状態。

自分が同性愛者だと気づかれるのが怖くて、誰とも話さない毎日。同級生にみじめな子と思われたくなくて、**お昼の時間になるとふらりと教室を立ち去って、やらないといけないことがあるふりをして、校内をひたすら歩き**

続けました。

当然、毎朝学校に行くのが嫌になって、遅刻しがちに。でも遅刻すると怒られます。だから、遅延証明書をもらうことに命をかけていました。冗談ではなく、本当に。遅延証明書があれば遅刻しても怒られなくてすむので、とにかく学校にいる時間を短くしたかった私は、毎日電車が遅延することを祈っていました。13日の遅延証明書をもらったら、わざわざ2枚入手して「もしかしたら18日に書き換えられるかも」って本気で考えてしまうくらい、公的に遅刻できる方法を探していたんですよね。

ある日の掃除の時間、黒板のほうを向いている私の背後から「西村、あいつオカマでしょ?」という声が聞こえてきて。その瞬間、凍りついてしまった。

彼とはちっとも仲良くなんかないのに、やっぱりわかっちゃうのかな……。聞こえないふりをして必死に強がっていたけれど、私の心は布団圧縮袋の空気が抜かれるようにギューーッと締めつけられて、小さく小さく、しぼんでいきました。**明日からどんな顔をして学校に行けばいいの? あざ笑われたようでプライドはズタズタ。**

オカマと言われればオカマなのかもしれないけど……、「そうだよ。男の人が好きなんだよ」と言える強さを、当時の私は持っていませんでした。

友だちがひとりもいないモノクロの現実世界で救いはゲイチャットと英会話スクールだけだった

高校から海外留学したいと両親に相談したら、「それだけはダメ」と言われてしまい、だからといって中退するのも負けたようで嫌。解決策のない八方塞がり状態の中、**私を救ってくれたのが、中学時代に身につけた英語**でした。**高校生の私は、ネットの世界に居場所を見つけたの。**私と同じような境遇の子が集まるゲイチャット。ここでだけは、隠すことなく自分の本音を話せました。ポルトガル、ロシア、香港、ウルグアイ。住んでいる場所は違えども、同年代の子たちが「親がゲイはダメだと言っていた」「学校で好きな女の子はって聞かれたらどうしてる?」といった、LGBTQならではの悩みを相談し、互いに励まし合ったり、語り合ったりして。このゲイチャットがなかったら、高校の3年間を無事にやり過ごせていたか自信がありません。

現実社会でも、英語漬けの毎日を送っていました。放課後に遊ぶような友だちがいなくて帰宅部だったので、時間がたっぷりあった私は、毎日のように英会話スクールに通い詰めて英語力を磨きました。

放課後は英会話スクール、家に帰ったらゲイチャット。学校で英語以外の授業は意識が朦朧《もうろう》としていたし、1日の中で英語に費やしていた時間のほうが圧倒的に長かったと思います。そんなふうだから、高校時代も英語の成績は優秀でした。

あと、子どものころから得意だった美術も成績はよくて、卒業後の進路として美大の道を考えていたくらい。でも、美術の予備校に行ったら、自分よりデッサンが上手な人たちに圧倒されて、入試のためにずっとデッサンばかりするのは自分には向かないと思って、日本での美大受験はキッパリやめてしまいました。

残ったのは、唯一、得意な英語。中学時代はハワイ留学が目標だったけど、映画の中のアメリカは自由なイメージで、アメリカなら私を受け入れてくれるんじゃないか。友だちができるんじゃないか、疎外されないんじゃないか、そんな思いがどんどん膨らんで、半ば逃げるように日本を飛び出し、アメリカへの留学を決めました。

今度は友だちができないのを「自分が日本人だから」を言い訳にし始めたとき、衝撃的なことが起こったの！私の人生を変えるヒロインが現れた！

アメリカに行ったらすべてが変わるって思ってた。友だち100人できるかなって思ってた。でも現実は全然違った。自分の居場所がきっと見つかるって希望を抱いていたけれど、実際はアメリカ人の友だちはできず、人種差別的な言葉の暴力を受けたりして……。ここでも自分は受け入れられない存在なんだって、落ち込みました。

こんなはずじゃなかったという思いが「この状況は、私が日本人だから」という言い訳を生み出し、**「日本人というルックスと文化のせいで受け入れられない」と言い聞かせることで自分をなぐさめているような状態。**

そんなときに飛び込んできたのが、「森理世さん　ミス・ユニバース2007優勝」という驚きのニュース。世界的に有名な美を競うコンテストで、日本人がその頂点に立つとはいったいどういうことですか？　って、私は大混乱。世界で日本人は受け入れられないんじゃなかったの！　って。

それからは彼女のことが気になって仕方なく、森理世さんについて書かれた本を書店で発見して即購入。そこには、「日本人は多くの人が、つややかな髪となめらかな肌を持っていて若々しく、たおやかな体つきをしている」「切れ長の目はアイライナーやアイシャドウでメリハリがついて、遠くからでも黒目は目立つからそれが武器になる」「日本人の謙虚さや気配りができるところ、努力家であることは他国の人にはなかなか備わっていないダイヤの原石」など、私の心に響く言葉がたくさん書かれていました。

当時通っていたボストンの大学にはダンス専攻の子たちが大勢いて、青い目で8頭身で姿勢もよく、ジャージを着ていても美少女。こういう子たちがディズニー・プリンセスのモデルなんだろうなと思ったし、それが理想の美の基準のように思ってしまっていたけれど、**私は日本人目線でしか物事を見ていなかったんだなって気づかされました。**

私が受け入れられていなかったのは、日本人だからじゃない。じゃあ、なんでなの？　私の凝り固まった意識が、じわじわと解放され始めました。

人生で初めてのカミングアウト。
ゲイの友だちもできた！
自分から動き始めて
少しずつ霧が晴れていくのを感じ始めたの

日本では、同性愛者は受け入れられない存在だと思い、アメリカに行ってからは、目も細く、アトピーで脚も短い私は劣等だって思うようになっていたけど、森理世さんの登場によって、あれ？　私の考えは間違っていたのかなと思い始めたんです。それから少しずつ、行動が変わっていったと思う。

ボストンの教会にゲイの若者向けのコミュニティーがあって、そこに参加するようになって、初めてリアルゲイ友ができたのもこのころ。

半年間通ったボストンの語学学校には他の日本人もいたけれど、同性愛者だとバレるのが怖くて、日本人コミュニティーにはなるべく近づかないようにしていたので、日本人の友だちはなかなかできませんでした。でも、ひとり仲良しができたの！　エリちゃんという女の子とは気が合って、毎晩、電話で2時間くらいおしゃべりするくらい仲良くなって。お互い、寮生活への不満を爆発させていたから、どちらからともなくルームシェアをしようかという話になったんです。

ただ私は同性愛者だけど、名前も体も男性のもの。娘が男性とルームシェアするとなったら、**エリちゃんのご両親が心配するんじゃないかしら？　これは、カミングアウトしなければ、って思ったんです。**私は小さいころから筋の通らないことが大嫌いだったから、まずは、エリちゃんのご両親を安心させなくちゃって。

カミングアウトは決意したけど、いつ言おうかばかり気になっちゃって、エリちゃんと長電話している間もずっとドキドキ。エリちゃんがウトウト眠そうになったときに、今だ！　と思って「エリちゃん、お母さんに伝えてほしいんだけど、私、男の人が好きだから心配しないでくださいって」って、一気に話して。だけどエリちゃんは、いつものトーンで「ん。わかった。じゃ、おやすみ」って言うだけで、私は拍子抜け。翌朝、忘れてないか心配になって「昨日言ったことだけど……」って確認したら、エリちゃん、ちゃんと覚えてた（笑）。私は隠し事がなくなって本当にスッキリしたし、カミングアウトしても友情がそのまま変わらなかったことが嬉しすぎました！

私の考えを180度変えた親友チェチ&カミとの出会い。私の価値観をぶち壊してくれた大好きなスペイン！

突然だけど、私はPerfumeの大ファン！　スペイン人の男の子がつくったPerfumeのファンサイトをよく覗いていたし、高校の3年間、私の居場所だったゲイチャットで仲良くなった男の子がスペインにいたこともあって、親元を離れて初めて自分で計画する一人旅の行き先にスペインを選びました。

スペインでは、なぜか日本のアイドルオタクのスペイン人10人くらいと食事するハメになったんだけど、そこでまさかの運命の出会い！

今では私の大親友で唯一無二の存在であるチェチと、そのパートナーだったカミ。この二人とは最初から〝ゲイギャグ〟で笑い合えたし、ファッションから男の人のことまで、まるでパズルのピースが合うように話が合ったんです。すべての感覚を共感して笑い合えるような友だちは今までいなかったから、こんなに話の合う人が地球上に存在したんだ！　っていうくらいの衝撃でした。

チェチとカミはゲイなんだけど、ゲイに対する価値観は私とはまるで違ってて。

チェチの家に泊めてもらったときに、チェチとカミが「コウドウが行ったことないなら、これからゲイクラブに行こうか。帰りは翌朝だよ。夜中はバスがないから」と言い出したんですね。そんなのどうやって親に言うのかなってヒヤヒヤしていたら、チェチは堂々と親に「ゲイクラブに行ってくる。明日の朝には帰ってくるから」って言ったんです。言われたお母さんも「あら、そう」って感じで、私がハラハラしていると、生ハムをはさんだバゲットをアルミホイルに包んで持たせてくれたんですよ。ウソでしょ？　私はびっくり仰天、唖然でした。息子がゲイであることを知っていて、その彼氏と友人まで家に泊めてくれて、ゲイクラブに行く私たちにお弁当までつくって持たせてくれるなんて。

私のこれまでの感覚では、ゲイであることは命に関わるトップシークレット。ゲイチャットでも親に言えずに悩んでいた子はいっぱいいたし、男性に興味があることは絶対に言えないこと。そんな感覚でいたけれど……、**自分が絶対にないと思っていた世界が、ここでは当たり前。**私も親とこんな関係を持てるのかもと希望を抱きました。

こんなに多くの人や企業、大好きなディズニー・プリンセスが応援してくれている。私は劣等な人間じゃないんだ！もう何も怖くない！

ゲイクラブの前で私の心臓はドキドキ、手が冷たくなるほど緊張しました。でも中に入ると、そんな私の隣で、一緒に行ったスペイン人の子が「ここにいるとリラックスできる」ってくつろいでいるんですよ。世の中には私のまったく知らない世界があって、そこではみんながとても自由で。

スペインでは、サグラダ・ファミリアやグエル公園といった定番観光スポットを案内してもらったんだけど、同性カップルが街中でも普通に手をつないでいるし、チェチとカミに至っては電車の中でキスまでしていて。「周りの人から罵声を浴びせられたり、刺されたりしないんだろうか」って私のほうが心配でドキドキしちゃったほど。

でも奇異な目で見る人も少ないし、ましてや罵声も飛んでこない。日本では見たことのない景色が広がっていて、私の常識がドカンとぶち壊されました。

さらに、私を勇気づけたのが、「ニューヨーク プライド マーチ」、通称「プライド・パレード」です。世界中のＬＧＢＴＱの人や観光客がニューヨークを訪れ、その規模は２００万〜４００万人！ 私が参加した年には、GAPやAppleといった企業もパレードに参加していて、衝撃を受けました。

いちばん感動したのは、私の大好きなディズニーが「すべての家族を応援します」というメッセージを掲げて、ミッキーの形をしたレインボーカラーのシールを配っていたこと。これは、今でも私の大事な宝物です。

パレードではマンハッタン中を埋め尽くすくらい大勢の人たちがカラフルな洋服を着てＬＧＢＴＱを応援してくれている。私の大好きなジャスミンやアリエル、ディズニー・プリンセスたちだって私のことを応援してくれている。男性に興味を持つことは隠すべきことだと思われていると信じ込んでいたけど、見渡す限りの人の海が私のことを応援してくれている。そして、こんなに有名な企業がＬＧＢＴＱを応援してくれているんだから、**隠す必要なんてないし、私は劣等な存在なんかではないと確信して正々堂々生きていこうって、決めました。**

美術大学では学部長も学生もLGBTQであることを隠さない。私が本当に自由になるために必要なのは両親へのカミングアウト

通っていたボストンの短大を卒業してからニューヨークのパーソンズ美術大学に編入したんだけれど、そこでは私が専攻していたファインアートの学部長がゲイで、その旦那さんも同じ大学にいて、それを学生たちも普通に受け入れていました。入学時に私がカッコイイと思った男の子はトランスジェンダーで、のちに女性になり、レズビアンの先生もいる。そんな日常が少しずつ私の心や考え方を変えていきました。

正直に生きている人たちに嫌というほど自由を見せつけられて、**私がメイクすることも、同性愛者を隠さず生きることも、何も問題ないじゃない、**私は劣等なんかじゃない、そんな強い気持ちを持てるようになったんです。

周囲の人にも、自分が同性愛者であるとカミングアウトすることに抵抗はな

くなってきて、私の人生もだいぶラクになってきたと嬉しく思う気持ちもあったけれど、私の頭上には、振り払えないクモの巣が常にありました。

そのクモの巣の正体は、両親へのカミングアウト。両親に自分が同性愛者だと告げたら見放されるんじゃないか、二度と家には帰れないんじゃないかと思うと、怖くて仕方がなくて、言う勇気を持てずにいました。

ゲイチャット仲間には、「カミングアウトしたけど宗教上の理由からダメだと言われた」という子がいたし、ボストンの教会で参加した若者向けのゲイミーティングでは、「両親にゲイと伝えたら見捨てられて難民としてアメリカに来た」というメキシコ人の子にも出会いました。

私も同じことになるかもしれない、その恐怖心に打ち勝てたのは、**「言わなきゃ変われない」「私は変わりたい」という気持ちが、勝ったから。**

当時の私のパートナーが素晴らしい人だったので、この人なら胸を張って両親に紹介できるというのもカミングアウトへの背中を押してくれました。

日本に帰ったときに、「今度、ニューヨークに来てくれたときに会わせたい人がいるの。その人とお付き合いをしているんだけど、実は男性なんだ」と伝えたのが、私の人生をかけたカミングアウトの最初のひと言でした。

旧石器時代から30世紀へ一気にワープ！モノクロの世界にカラフルな虹がかかったの！

ドキドキしながら、母のリアクションを待ちました。

母は「小さいころからこうちゃんは男の子が嫌いと言っていて、どうしてかなと思っていたから、すごく納得できたわ」って。私はまったく知らなかったけど、母は私が中1のとき、メンタルクリニックで私が性同一性障害ではないかと相談していたらしくて。ドクターから、「18歳にならないと診断できない」と言われ、ずっとモヤモヤした気持ちを抱えていたみたいなんですね。

父は「わかった。宏堂の好きなようにしたらいい」と。嫌な顔も嬉しい顔もせず、いつもの様子で淡々としていたかな。

父は昔から私に対して「宏堂の人生なんだから好きにしなさい」というスタンス。今まで、一度たりとも実家のお寺を継ぎなさいと言われたことがなかったし（周囲の人は聞いてきたけれど）、進学など人生の岐路に立ったときも、きっと心配だったはずだけど、私の選択を支持してくれました。私がカミングアウトしたときも、本当に私の幸せを願ってくれていると感じられて。これって、すごく幸せなことですよね。

人生の試練を無事に乗り越えて、両親がありのままの私を受け入れてくれたことがわかったとき、私の心を沈めていた船のイカリがあがりました。**大袈裟じゃなく、旧石器時代から30世紀までワープしたような、**オズの魔法使いのグレーの世界がレインボーになったような、身も心も軽やかになってスキップしたら飛べるんじゃないかと思うくらい、シュワシュワの光の泡で全身が満たされました！

お互いに自分を隠さずいられて、全力でふざけて笑い合える友人ができて、どんな私でも受け入れてくれる両親という最強の味方ができて。これで、何を恐れることがありましょう。

私はもう世界のどこにいても正直な自分でいられる。隠しごとのない私でいられる。アップデートどころじゃない、24歳にして新たにデビューする西村宏堂となって、ようやく、私の自由な人生がスタートしたのです。

「そうだよ」と認めることで、

自分も相手も変われた。

弱さを見せる勇気を出すの。

弱い自分にも自信を持つことが大切よ

アメリカではもう自分を隠すことはなかったけれど、26歳のとき、お坊さんの修行で一時帰国したとき、高校時代がフラッシュバックするかのような体験をするハメになりました。

修行はとにかく厳しくて、入浴のときだけが唯一リラックスできる時間。みんなの心のガードもすっかり外れたお風呂上がり、私がパンツをはこうとしていたら、同じ修行僧で小柄なジャイアンみたいな人が近寄ってきて「てめえ、最初に見たとき、カマかと思ったぜ」って、いきなり大声で話しかけてきたんです。

周りには他の人たちもいて、もちろんみんな裸。なんで？ いま？ ここで？ そのトピック？と思ったし、その瞬間、高校時代に「西村、あいつオカマでしょ？」と言われたときの心がギューッと縮まるような感覚がよみがえりました。「どうしよう」と考えを巡らせたけれど、**ここでごまかしたら、黒板の前で固まってしまった高校生のときと私は何も変わらないって思った。**

大きく息を吸ってから、呼吸を止めて、えいやって勇気を出して「そうだよ」と答えたら、小柄なジャイアンはびっくり仰天。

予想外の答えにとまどったのか、その場で男同士の営みはどうするんだとかグイグイといろいろ聞いてきて、そんな質問には答えたくないなと困っていたら、「西村くんは、ニューヨークでメイクアップアーティストをしていて、ミス・ユニバースとかで活躍しているんだよ」と友人が助け舟を出してくれて。それを聞いた小柄なジャイアンはさらにびっくりしたのか、黙り込みました。

作務衣《さむえ》に着替えて寝室に向かう途中、廊下を歩く私を追い抜きざまに「ニューヨークでも頑張れよ」ってその彼が声をかけてきて。**敵かも？と思っていた相手が応援してくれるとは思っていなかったから、今度は私のほうがびっくり。**

私が自分のことに確信を持ち、勇気を出して正直に答えたことで、彼の気持ちも変化したのかなと思ったら、とても嬉しくて。言うときには、えいやって腹をくくる必要があるけど、一歩を踏み出したらラクになった。

周りに自分の正直な気持ちを伝えたら敵ができるかもしれない。でも、そうしないと、味方も増えていかないの

高校を卒業するまで「私は男の子が好きだから、友だちができないのかな」とずっと思っていましたが、大人になって振り返ってみると、「男の子が好きな自分はみんなから疎外される」と自分で決めてかかっていたから、それが現実になって、さみしい思いをしたんだと思う。

というのも、高校の同級生に、テレビに出ているいわゆるおネエタレントのように「え、やだぁ〜。もうっ」っていう話し方をする男の子がいて、その子にはお友だちがたくさんいたんです。角刈りでメガネをかけていて、とても優秀でテストの結果が張り出されるとトップ争いの常連。だから、周囲が一目置いているところもあったと思うけれど、その明るいキャラクターはみんなから受け入れられていて、しょっちゅう女の子とキャッキャしていました。

当時の私と彼は、真逆。

もし、高校時代に本当の自分でいることを怖がらずにいられたなら、状況はもう少し違っていたかなと今なら思えます。受け入れられないって決めつけていたけど、実はそうでもなかったんじゃないかなって。

もちろん、みんながみんな理解してくれるわけではなくて、拒絶する人もいただろうけど、それと同じくらい、応援してくれる人もいたはず。でも私は、「角刈りくんは頭脳明晰だから受け入れられてるんだ」って言い訳をして、誰も私のことは理解してくれないだろうって、私のほうからみんなを敵認定してしまっていたのかも。考えてみれば当然だけど、**勝手に相手を敵認定している私に人は心を開きたくないし、助けたくもないですよね。**

敵認定した相手から逃げ回り続ける人生って、どうしても、自分で自分を日陰へと追い込んでしまいがち。でも、私はできれば陽の当たる場所で笑って過ごしたい。

「正直に言うこと」が絶対とは思ってないけど、私は言ったことでラクになれたから、この人になら言えるかもと思う相手がいるのなら、「頑張って！」って背中を押してあげたいです。

多様性とかダイバーシティって世間が言っているけど、実はとっても身近なことなの

性別、人種、宗教、年齢などの多様性を尊重していこうというダイバーシティへの取り組みは、素晴らしいと思います。いろんな能力を持った人が、自分たちのチームに参加することでチーム全体の能力が高まり、みんなが得をする。そういう社会は、理想の形ですよね。

ただ現実は、偏見や差別がまだまだひそんでいるんです。

たとえば、男性が女性について「あいつは女のくせに意見ばかり言ってくる」とか「あの子は男の人を尻に敷いている」なんて言うのをよく耳にしますよね。反対に、女性が男性に向かって「男の人は思考が単純だから」とか「その荷物、重たいから持って」と言っているのも当たり前のように目にします。

でも、女性の気持ちも男性の立場も理解する私からすると、どちらの発言に

もカチンとくる。気づいていない人も多いけれど、「それは先入観だよ」と言いたくなる場面は、日常生活の中にもたくさんあります。

私の戸籍上の性別は男性だけど、力仕事よりも美術などデザイン系のほうに長けているし、華道を習っていたので生け花もできるし、ハイヒールでのかっこいい歩き方もアドバイスしてあげられる。

どんな性別の人も、自分が「こう思われている」というカテゴリーに縛られることはないし、どんな性別の人に対しても「こうあるべきだ」という理想を押しつけるのはよくないこと。それぞれの特性に気づき、個々の能力を評価して活かす社会こそがダイバーシティなのだと思います。

『阿《あ》弥《み》陀《だ》経《きょう》』の中に**「青色青光《しょうしきしょうこう》　黄色黄光《おうしきおうこう》　赤色赤光《しゃくしきしゃっこう》　白色白光《びゃくしきびゃっこう》」**という言葉があります。「極楽浄土の池には蓮が色とりどりに美しく咲き誇っていて、青蓮には青い花が咲き、赤蓮には赤い花が咲き、それぞれの光を放っている。青色でも黄色でも赤色でも白色でも、**どんな色でもそのままで素晴らしい。**すべての人は、どんな場所でも、その人が持っている力や個性を発揮して光輝くことが尊いのだ」という意味のお経。私は仏教を毛嫌いしていたけれど、二千年も前から仏教が多様性を応援しているんだと知り反省しました。

価値観や考えは目で見えないもの、
だから言葉できちんと伝えるのは大事。
言わないでもわかるでしょとヘソを曲げていると
結局損するのは自分だったの。
自分のイライラスイッチと
相手のイライラスイッチを
きちんと知っておいたほうがいいよね。
自分が悩みやすいこと、

言われて悲しくなってしまうこと、
つい怒ったり、イライラしたりすること、
それが自分のスイッチ。
自分のスイッチを特定して、解体してみる。
そして自分の気持ちを相手に正直に話す。
お互いのイライラスイッチのしくみがわかると
どうしようもない負の感情も
解決の糸口が見つかって、少し収まるかも。

地球に生まれた限りは地球人みんなとわかり合えればいいけど、全員と仲良くするのは無理！嫌なときは上手に感情を伝えてみて

自分の好きな自分で生きていくためには、自分を守るための線引きが必要で、嫌なことを嫌と伝えなければならない場面も多々あります。私は、もともとは自分の意見を言えないタイプだったけど、海外では特に必要にせまられて（泣）、自分の気持ちを伝えるのが得意になりました。

伝えるときに心がけているのは、**事実を整理するのではなく、自分がどう思っているか、「感情」を感じたままに伝える**こと。

たとえば仕事の場面。以前、あるチームで仕事に関係ない用事を任されることが当然のようになり、私の心の中になんで？　っていう気持ちとイライラが溜まってしまって。前向きな気持ちで仕事に取り組みたいからこそ、「私はこのチームが大事だから、チームのためを思って仕事と関係ないことに時間を費や

していたけれど、それが当たり前になってしまうと、私の存在や能力が無視されているような気がして悲しいし、がっかりした」と伝えました。相手はよく考えて謝ってくれました。私がどう感じたかは、相手が否定できない事実だから、感情を言葉にして言うことはすごく大事。

大好きな女友だちから、私とは気の合わない人を含めての食事に誘われたときは、「あなたのことは大好きだけど、あのお友だちとはこの間もなんだかチグハグで会話に困ってしまって……。あなたとなら、ぜひまた食事をしたいのだけど」って正直に伝えたこともある。もし私が逆の立場なら「大好きな友だちに嫌な思いをさせずにすんでよかったわ。教えてくれてありがとう」って、正直に気持ちを言ってくれた相手に感謝したくなります。

もちろん、自分のベストを尽くしても伝わらなくて、これまで通りの関係ではいられなくなったこともあるけど、そもそも、地球上の全員とうまくやっていくのは無理なこと。そう自分に言い聞かせています。

誰だって嫌なことは言いたくないけれど、言えない理由は「相手を大切に思っている」からこそ。そこに気づくことができると、前向きな気持ちで、嫌なことを嫌と言える自分になれる気がします。

3章
自分を苦しめる「常識」を書き換えてみた

昔から大事とされていることは
「虚像」なのか「良薬」なのか
見極めるの

いちばん避けてきたものに向き合わないと「自分らしさ」は生まれない。見たくないものを見に行くと何かが変わるかも

私はお寺に生まれましたが、僧侶である父からも、僧籍を持つ母からも、「お坊さんになりなさい」「お寺を継ぎなさい」と言われたことは一度もありません。だからというわけでもないけれど、小さいころから「お人形（仏像）に向かって極楽浄土に連れて行ってくださいとお祈りしたところでなんの意味があるの？」なんて思っていたし、父にも「木のお人形に向かって拝んで何が楽しいの？」って聞いたこともある。

私の人生で、将来なりたい職業の選択肢に「お坊さん」が浮上したことは一度もないし、ロングヘアに憧れていたから剃髪するなんて論外！ だったのです。

そんな私がお坊さんの資格を取ろうと考え出したのは、ニューヨークのパー

ソンズ美術大学で学んでいたとき。毎月1回、与えられた課題に沿って制作した作品を発表し、学生同士で討論会をするのだけど、私は日本文化を交ぜたものにしようと、折り紙や8年間習っていた華道を使ったアートをつくっていました。どうしたら人の心を動かせるアートができるのかがわからず、正直納得できていなかった。世界中から集まる学生の作品と自分の作品を比べられる環境で「自分らしさ」を表現する方法に行き詰まっていたんです。

あるとき、物静かだけど美術の才能においては、誰もが一目置く韓国人の男の子が、とても寂しそうな顔で「僕は兵役で2年間大学を離れる。戻ってくるときにはみんなは卒業しているから、これでバイバイ」と言ったんです。その後に行った最後のパフォーマンスアートでは軍服を着て、いつもの彼からは想像もできないほどの大きな声を出して、訓練のように点呼をとったり走ったり腕立て伏せをしたり……。

自分が韓国人であることやみんなと一緒の学年から離脱する寂しさ、不安、すべてを受け入れて、「兵役につく覚悟をしたんだ」という彼の意思がパフォーマンスからひしひしと伝わってきて、彼の気持ちが心に刺さりました。自分の人生の課題に真正面から立ち向かっている彼の姿を目の当たりにして、私もずっと避けてきた、私のルーツである仏教と向き合わなくちゃと思いました。

何かを批判することはその分野をちゃんと知っている人だけができること。理解した上で批判したくて私はお坊さんになった

韓国人の同級生のパフォーマンスを見たとき、ピアニストでもある母の言葉を思い出しました。

「モーツァルトが嫌いだと言うのならば、モーツァルトのことをきちんとわかっていないとダメ。しっかり勉強して、モーツァルトの曲のここが嫌いだと具体的に自分の意見を言えないのなら、批判をすることはできない」

何かを批判するときは、きちんと批判する対象と向き合わなければ、批判する立場にすら立てないという母の言葉が、そのときになって理解できました。

私は仏教やお坊さんを毛嫌いしていました。

だけど、なぜお経を唱えるのか、南無阿弥陀仏《なむあみだぶつ》の意味や仏教の教えについて

きちんと知らないじゃない。断片的な知識だけで**否定や批判をしていては、ただ文句ばかり言っている浅はかな人間になってしまう。**仏教を知らない私が今までしてきた批判は無知で偏見を持った意見だったと気づき、自分を情けなく感じました。

同級生の覚悟を見て、私も今までの人生で「いちばん避けてきたもの」と向き合わなくては、本当の意味で変われないと思ったんです。

当時、私はアメリカでメイクアップの仕事も始めていたので、私のルーツであるお坊さんの修行に身を投じ、仏教の知識を身につけたら日本人として強くなれるかも、規律正しい日本人が修行もしたら世界でどう輝けるのだろうと想像して、ちょっとワクワクしたりもしました。

大学を卒業したら、修行に入る。その決断に、父は「宏堂が決めたならそれでいい」と言い、母は「私にもできたのだから、こうちゃんも大丈夫。資格を持っておくことはいいことよ」と応援してくれました。

小さいころからずっと避けてきたことにしっかり向き合って、納得したい。それに、修行のために久しぶりに日本に長く滞在するので、アメリカでは高価だった日本食が毎日食べられるのも楽しみで、ワクワクしました。

メイクもするし、ハイヒールもはく、イヤリングもキラキラも大好きな私がはたしてお坊さんになっていいのだろうか……

予定通り、パーソンズ美術大学卒業後、お坊さんの修行のために帰国。

修行は、京都の金戒光明寺《こんかいこうみょうじ》と東京の増上寺で1回あたり2週間程度、2年間で全部で5回に分けて行われます。これが、つらいのなんのって。もう、地獄！

冬の京都は極寒で、素足で雑巾がけ。手はかじかむし、毎日正座しっぱなしで脚にはアザができるし。浄土宗の作法は、礼の角度、合掌の手の高さ、声のトーンまで事細かく決まっていて、誰かが少しでも間違えたらやり直し。そのたびにお経も最初から唱えるというのを繰り返すうちに声がかれて、ペッてやったら血が混じっていて……。「やる気がないなら下山しろ！」って毎日のように怒鳴られて、体調を崩して下山する人が何人もいるくらい、修行は過酷。

母からは、「修行が楽しかった」とずっと聞かされていたので、そこまで大変なものでもないのかも？　と思っていたのだけど、実際に入門したら「普通に歩いているだけで『走れ！』って怒鳴られるような、こんなつらい修行のどこが楽しいのよ！」って、京都から東京に向かって怒鳴りたい気分でした（笑）。

修行中に学んだことの中に、「装飾品を身につけてはいけません」「歌やダンスを観るのもいけません」「高いベッドで寝てはダメ」という項目までも見つけてしまいました。私はメイクもするし、ハイヒールもはくし、キラキラしたものも大好き。修行が進んでいく中で、もし、私がお坊さんになったとして、仏教のイメージを悪くするなら、お坊さんになるべきではないのではないかと悩みました。

それに、浄土宗の作法には、男女で違いがありました。たとえば、触香《そつこう》といって象の形をした香炉を足でまたぐ作法があるのですが、男性は左足から、女性は右足からと決まっています。

男でも女でもある私は、どちらの作法に従うべき？　そして私と同じ境遇の人にはなんとアドバイスをすればいいのだろうと悩みました。でも、教えは〝いただく〟ものだから、先生に質問をしてはダメなんです。

このままの状態でお坊さんになっていいのか。考えてもそのときの私の知識では答えを見出せず、思い詰めた私は指導員の先生に相談をしました。

教えの本質は「平等」。これを伝えること。LGBTQのお坊さんだからこそ耳を傾けてくれる人が世界中にいるはず

いつも指導いただいている先生に、まるで他人事かのように「私の周りにはトランスジェンダーの人がいます。作法についてどのようにアドバイスをすればいいですか?」と聞きました。

すると、すべての修行の最終日の夜、みんなで寝る準備をしているときに指導員の先生から呼び出され、とても尊敬されている偉い先生が話を聞いてくださるとのこと。増上寺の応接室に案内されて、もう、ドキドキ。

改めて私が恐る恐る質問すると、先生は、「作法は教えの後にできたものです。どんな人でも平等に救われるという法然上人《ほうねんしょうにん》の教えがもっとも大事なことですから、作法は男女どちらのものでもかまいませんよ」「日本では、お坊さんは洋服も着るし時計もつけます。それとキラキラしているものを身につける

ことの何が違いましょうか。多くの人に教えを広めることができるのなら、キラキラしたものを身につけても問題ないと思います」とおっしゃいました。

これほど道理の通った、明快な答えがあるでしょうか。心のモヤモヤは一気に吹き飛び、これで正々堂々、私もお坊さんになれるのだと確信した瞬間でした。

「作法の男女の違いや格好は、教えの本質ではない」という納得のいく答えを授けてもらったとき、私の仏教への思いが大きく変わりました。

「どんな人でも平等に救われる」という仏教の教えは、長年ＬＧＢＴＱのひとりとして苦しんできた私を救ってくれた。だからこそ「誰もが平等である」というメッセージを今もまだ悩み続けている人に届けたいと思いました。

私は、お寺に生まれ、ＬＧＢＴＱであるからこそ悩み、自分が傷つかないように周囲の人たちを観察し、私は何者かと自問自答を繰り返してきたからこそ、人の痛みがわかるし理解できることも多い。

悟りを開いたお釈迦《しゃか》様は、最初、話しても理解されないだろうと説法はしていなかったけれど、梵天《ぼんてん》様にすすめられて、人々に伝え始めたと言われています。やはり、伝えるというのは大事なこと。

あのとき勇気を出して聞いてよかった。行動的になって自分から動いたことで、私は人生を動かす大事なメッセージを聞くことができました。

平等

あなたは何ができるかとか、
どんな人であるかってことは、
平等に扱われることと関係ない。

そもそも、平等であるということは
誰かに教えてもらったり、
許可されたりする必要もない。
自分が平等で生きられるか、生きられないか。
自分を平等に扱えるか、扱えないか。
それらを考えるまでもなく、
すでにあなたは平等なんです。
自分のことをちゃんと大事にする。
恥ずかしいとかわがままだとか
思う必要はないんです。

知識は私を自由にさせてくれた。疑問を持ったらなんでそうなったかを納得いくまで、諦めずに調べてみて

納得がいくことは、自分に強い力を与えてくれると思ってて。

暗闇で何かの気配がしたら、ゴキブリ？　猫？　はたまたお化けかな？　って怖くなるけど、ライトをつけてそれがぬいぐるみだとわかれば、怖くもなんともなくなるじゃないですか。正体がわかれば、怯えなくてよくなるんです。だから私は、「どうして？」と納得いかないことに出くわしたら、自分を自由にするために、ひたすら考えます。紙に書き、思いを巡らせ、考える幅を広げるためにいろんな人に意見を求めて。自分も納得したいし、道理の通る説明でみんなにも納得してもらえるくらい、その正体を見極めたいって思ってる。

日頃、何気なく使っている「バカ」という言葉の語源は仏教にあって、音を当てて「莫迦《ばか》」などと書くのですが、仏教において**「莫迦」とは真実を知ろ**

うとしない、無知であるという意味。私は、無知は罪だと思ってて。

時代は急速に進んでいて、今までの常識や教えが成り立たないと感じるところも出てきています。時計は止められても、時間は止められないのだから。この時代に生きている限り、あらゆる分野の進化は止まらないでしょうし、世界との距離はもっと縮まり、価値観も変化し続ける。

もし、ルールやこれまで当たり前とされてきたことにあなたが我慢していたり、苦しんでいたりするのなら、そのルーツをとことん調べてみて。**なぜ、その「教え」が生まれたかの本質を理解できたら、自分の意思でその教えに従うこともできるし、「納得がいかないから」「非合理的だから」という理由で現状を変えていく努力もできる。**宗教の教えも文化もルールも常識も、「それを誕生させなければならなかった」文化的背景（事実）があります。でも文化的背景は時代時代によって変わるものだから、教えやルールを自分に影響力のあるものとするかどうかはあなた次第。

その常識が誕生したときは、人々の生活を安定させるためのものだったかもしれないけれど、今は逆にあなたを苦しめるものになっているのならば、まず調べて、知って、書き換えて。正体さえわかれば、こっちのもの。

古い薬は古い薬。役に立たなくて捨てられるだけ。お医者さんも、新しくて良い薬が出たらわざわざ古い薬を使わないでしょ？

私の父は僧侶で、大学で仏教学を教える教授でもありました。父は自分の宗派だけでなく、世界の仏教全般についての幅広い知識があります。その父のこの言葉に、私はとても納得しました。

「お坊さんが時代によって変わっていくのは、当然のこと。医者だって、より効果の高い新薬が開発されれば、古い薬よりそちらを使う。そうしなければ、現代の医療にそぐわないからだ。社会だって同じ。インターネットが普及すればそれを無視して昔と同じ生活をすることは難しいし、**時代に合った新しい教えや考え方でなければ誰かを助けることはできないんだよ**」

時代は進んでいるのに、いつまでも古い薬に頼ってはいない？　もし、その薬の効果に疑問があるなら、新しい薬に替える潮時なのかもしれない。

日本にいると、出る杭は打たれる風潮があり、同調圧力の空気をときどき感じることがある。

でも、グローバル化が進んで、人の価値観も多様化している現代で、みんな横並びという発想は古い薬になってしまっているのでは？　と私は思います。

自分を好きになれる自分の人生を始めようと思ったときに、古い薬の効能を信じる人から足を引っ張られることがあるかもしれない。でも、とにかく自分を信じてほしい。人はそれぞれ違うもの。

誰にもわからない未来は自分の価値観でコントロールするの。

古い薬を主張する考えの先に私やあなたの幸せがあるとは限らないでしょ。

人は、できることはそれぞれ違うし、失敗することだって楽しんでいきたい。

納得いかない他人の価値観で自分の人生を諦めないで、自分は何をしたくてどうなりたいのか、新しい薬を手に入れて冒険することは大切。

そうすれば自分の人生にきちんと納得がいくと思うの。

自分の気持ちに嘘を

つくのは
罪である

修行中に「自分の気持ちに嘘をつくのは罪である」という戒を見つけて、ハッとしました。だって、私は今まで自分の心に嘘をついていたから。これからは、できるだけ自分に正直に。

今でも、不安になったり、
わからなくなったりしたら
「こころよ、どう思っている
の？」って聞いている。その
答えには絶対に耳を塞が
ないようにしているの。

「常識」が「まやかし」になっていないか判断できるのはあなただけ。あなたの周りにまとわりつく「常識」を壊していこう

私が僧侶として、LGBTQのひとりとして「私たちは誰もが平等」とお話しすることで、いろいろな反応が返ってきました。

特に嬉しかったのは、ブラジルの男の子から届いた「自分の宗教では同性愛は禁止されていて、母にも自分がゲイであることは受け入れてもらえていなかった。でもあなたのメッセージがきっかけで、母と話し、理解してくれました」という言葉。

ロサンゼルスにいたときのルームメイトでイタリア系アメリカ人の男性は、「小さいころから、毎週、教会へ行って、同性愛は罪であると言われてきた。男性と付き合っている自分は誘惑に負けているので、罪悪感を感じている」と話してくれました。

信仰とは人に強制するものではないし、誰かに仏教を押しつけるつもりはまったくありません。それに他の宗教をよく知らない私が批判することもできません。でも、「私の学んだ仏教では、みんなが平等に救われると習ったよ。私は自分らしく生きていいんだと知ってとてもラクになったから、世界にはそういう教えもあるのだということだけは知っておいてほしい。そして私は、個人的にあなたには幸せでいてほしい」と伝えたら、「ありがとう」と言ってくれ、彼の肩のこわばりが少しやわらいだようでした。

宗教は、本当は人を助けるためにあるのに、それを理由に苦しむ人がいるのはなぜだろう。考えずにはいられないですよね。

大切なことは、その教えが本来の役を成しているかということ。

仏教の教えの中には「中道《ちゅうどう》」という教えがあります。

お釈迦様が悟りを開くために苦行をしていたのだけど、あまりにつらかったので、途中で苦行をやめたら、力強さと輝きを取り戻し、苦行は悟りを開くために益がないことに気づいたというエピソードから**「両極端なことはよくなくて、ほどほどがちょうどいいんですよ」**という教えなんです。

仏教は、人の苦しみをなるべく抑えていこうという考えを持っています。何を信じていても、苦しいのなら信じるのもほどほどでいいのではないかな。

先入観

「男の人だから」
「女の人だから」
「ゲイだから」
「〇〇出身だから」って、
人をむやみにカテゴリーに入れて
その人のパーソナリティーを
決めつけてしまうの
はとても愚かなこと。

ミス・ユニバースのイラク代表が来たとき、
私は少し怖くて緊張していました。
しかし、彼女は、
「私はイラクにいる何十もある宗教に属する人を
代表して大会にやってきた。
私が平和を発信することで反対勢力の人たちから
たくさんの恐喝メッセージが届くけど、
私は正直に生きていくことを選ぶ。
もちろん死にたくないけれど、
心に嘘をついて生きていくことはできない」
と話したの。

間違った先入観を
持っていた私は
反省しました。
強い意思を持った彼女は
誰よりも輝いて
尊く見えました。

つらいことがあって、負けそうになるときこそ「自分らしさ」を取り戻す習慣を身につけてみて

嬉しいこと、嫌なこと、悲しいこと。感情は、1日の中でもくるくる移り変わる。それは当たり前。大切なのは、**心に引っかかる感情はそのままにしないで、その感情がどうして起こったのかを突き止めること。**

その方法として、私がいいなと思っているのが瞑想です。

お坊さんの修行で念仏をしているとき、すでに足がこんなにも痛いのに、約1時間半の法要《ほうよう》を毎日5回、をあと何日続けなくてはならないのだろう。私はなぜこんなところに来てしまったのだろうと途方に暮れてばかりいました。

でも、瞑想を続けるうちに、自分の心との対話が進んだんです。

親に無理やり参加させられているわけでもない、私は自分の意思で来たのだし、嫌ならやめてもいいとまで言われている。お坊さんの資格を持つことは、

人生のチャンスが広がること。日本で平穏な生活を送ることができ、家族や友人が応援してくれている。そう考えたら、感謝の気持ちを思い出すことができて、この法要もしっかり頑張ろうと思えました。

私は心の整頓をしたいとき、お風呂の電気を消して、真っ暗な中で湯船につかるのが好き。目が慣れてくると時計や電気スイッチのライトが明るく見えるようになってきて、その明かりをただただボーッと眺めていると、自分の心に焦点が合ってくる。

キャンドルの灯りや月、キンキラに輝く観音様《かんのん》でも、見つめる対象がそこにあると、意識を集中して感情を向けやすくなると思うから試してみて。

修行中、もし念仏という瞑想で心に目を向ける機会がなかったら、私は文句を言い続け、感情に流されるままイライラを募らせていた気がします。瞑想することで感謝の気持ちを思い出せたからこそ、つらい修行も続けられたんだと思います。

瞑想は、自分が何に悲しみ、何に怒るのか、その原因を再確認できたり、自分の置かれている状況を客観的に見つめて心の整理整頓をすること。流れ続ける感情の川から上がり、山上から自分の心を眺める大切な時間です。

瞑想は、自分がどう感じているか、心を整えること。
祈りは、自分ではどうしようもない事象を
その通りになるように願うこと。
気休めと言ってしまえばそれまでだけど、
祈ることで自分がラクになったり、
心が落ち着くことってあるじゃない？
私はいつも
「どうか自分がいつも感謝の気持ちを持てますように」

「ポジティブな心のままでいられますように」
と祈っているの。
自分の努力で結果が変わることについては祈りません。
なんでも祈ればいいってもんじゃない。
やるべきことはやって
他にどうしようもなくなったときに
安心させてくれるお守りのようなものが祈り。

「普通はこうだよね」「常識外れだよね」そう言って自分の価値観だけで考えるのは自分も苦しめていることに気づいたの

世界を旅するようになって、私は、自分の育った環境の価値観だけで生きてきたから苦しかったんだな、とつくづく感じました。

中学生時代、女性の先生のズボンからパンツの線がくっきり見えていて、生徒たちの間で話題になったことがあったんです。なんでそんなことになったかと言ったら、みんなが「パンツの線が見えるのは恥ずかしいこと」という〝普通〟を共有していたからなんですね。

スペインのスポーツジムで、テラスでトップレスの女性たちが日光浴をしているのを初めて見たときは、ヌーディストビーチだけじゃないの？　ってびっくり。スペイン人の男性の友だちが、暑いからってTシャツを脱いで素肌にリュックを背負い出したときにも、一緒に歩く私のほうが恥ずかしさを感じてしまったり。

でもね、自分の普通が普通じゃなかったことがわかると、自由になれる。価値観が違えば裸を見られることも恥ずかしいことじゃないんだから、パンツの線くらい何よ。そう思えたら、「こうじゃなきゃ」と自分を縛りつけていた糸が1本ほどけて、その分だけ自由な気持ちになるでしょう？　私はそうやって、自分の価値観をどんどんぶち壊してきました。

もし、「普通、こうじゃない？」と思う場面に出会ったら、その相手を非難する前に自分を省みること。だって、「こうあるべき」と誰かに自分の価値観を押しつけることは、自分自身がその「こうあるべき」にとらわれていることの裏返しで、自分を閉じ込めているものだから。

相手から「こうあるべき」と自分の道を決められることもないし、誰かに「こうしなきゃ」と自分の意見を押しつけることもしない。

家族、恋人、親友であっても、同じ道を無理して歩いたり、道をねじ曲げなくていい。**あなたの歩んできた道はこうで、これから進もうとしている道はこうなのね、私の道はこうなのよって互いの価値観を応援し合う**ことが、互いを尊重しながら自由に生きていくということなのではないかな。

「普通はこう！」って相手に言ってると自分も普通じゃないといけなくなる。相手に期待することで自分にも期待が跳ね返ってくるから、結果、自分を苦しめることになるって気づいたの。相手の考えが私と違っていても、寛容な気持ちをまず持つと自分もこうあってもいいのかなって視野が広がると思う。

私、ずっと、男の子だからピンクのセーター着ちゃダメだと思っていた。女の子っぽいって言われるんじゃないかって。でも、実際着てみたら心に花が咲いたようだった。

みんな一緒じゃなくていいし、自分の価値観を相手に納得させる必要もない。今の時代は、同時にいろんな考え方が存在していいんだと思う

私は、みんなが信じていることだけが正しいわけではない、と声を大にして言いたい。

たとえば、仏教の悟りがそう。一般的に、仏教の修行は悟りを得るためと言われているけれど、悟りなんて存在しないという学説もあるんですよ。というのも、悟りとは「縁起だ」とか「諸行無常《しょぎょうむじょう》だ」などいろいろ言われていますが、物事には因果応報《いんがおうほう》があるのはもちろんだし、この世は無常で、変わらないものはないということはお釈迦様でなくても誰でもわかることですよね。

父に聞くと、今、いろいろ伝えられている悟りについての説明はあるけれども、「お釈迦様が悟りの内容を誰かに伝えた」という初期仏典のパーリ語の原文は存在しないのだそうです。著名な仏教学者である中村元《はじめ》さんがゴータマ・

ブッダ（お釈迦様）について書いた書籍にも、パーリ聖典の「お釈迦様が悟りをひらいた」とされる記述は後で書き足されたものだとありました。

お釈迦様が本当に大切にしていたことは、正しく生きなさいということ。そして、相手によって臨機応変に異なる説き方をしたからこそ、それを語り継いだ人たちによって、悟りについてのさまざまな解釈が残されているのです。

仏教が他の宗教と対立することがほとんどなかったのは、仏教の教義が柔軟だったからだそう。この柔軟さが、仏教がその時代時代を生きている人間に寄り添い続けてこられた大きな理由のひとつだと私も思います。

宗教に限らず、何かを信じることによって得られる安心感はもちろん素晴らしいものですが、**現実をしっかりと見て、多様な考えを取り入れる柔軟さも大切**だと思うんです。

人の価値観はなかなか変わらない。でも私が逃げたり、諦めていたりしたら本当に何も変わらない。今も怖いけど、私はもう覚悟したの

もちろんマイノリティであることは、不自由というのか面倒というのか、ちょっと手間のかかる部分もあるけれど、それを差し引いても、私は今の私でよかったと胸を張れるんです。

「日本では、まだまだＬＧＢＴＱが受け入れられていない」っていう意見もよく聞くけれど、本当にそう？　確かにアメリカやスペインでは男性同士が街中で手をつないでいた。そういう光景は日本ではほとんど見かけないけど、どんな国や文化でも、自分がＬＧＢＴＱであることを言える人もいれば、言えない人もいる。文化によって言いやすさの違いはあっても、結局は、自分に解決するだけの新しい薬（アイディア）があるかどうか。場所のせいにはできないんです。

日本が悪いのではなくて、**「私は今の環境では自分らしく生きられない」と思い込むことが、自分をつらくしてしまう**んです。

日本人は教養もあるし、宗教による束縛も強くはない。海外の文化を受け入れて日本流にアレンジすることにも長けているでしょう？　納得すれば価値観を変えられる柔軟さを持っていますよね。

日本はＬＧＢＴＱを受け入れる可能性に満ちているって、私は信じてる。ネガティブな考えばかり発信していたら、そりゃあいつまで経っても変わらないでしょうとも思うし、諦めたら本当に変わらない。だからこそ、いい面に光を当てて物事をポジティブに解釈して、発信していくことが大事なの。

ＬＧＢＴＱに限らず、自分の住んでいる社会や文化はダメ、遅れてる、という意見を言う人もいるけど、まずは自分が変わろうと思う勇気が私はかっこいいと思う。

私が変わるから相手も変わる。私が変わらないで社会に任せるのは私らしくない。自分のために、そして自分と同じようなつらさを味わっている人のために私は変わりたい。そのことに気づけるかどうかで、人生は大きく変わる。

私もさらに自分を好きになりたいから、もう逃げたくないの。

4章

自分が好きになれる自分にアップデート

外見も中身も納得できれば
私はこういう人間ですって
堂々と伝えやすくなる

外見は、いちばん外側の自分。だから、着飾るのは悪いことじゃない。観音様だっておしゃれしてるのよ

私はメイクやファッションの力をすごく信じてる。もちろん、内面が大事なのは当たり前だけど、内面さえよければ外見は手抜きでいいというのは、とてももったいないと思うの。**だって外見は、いちばん外側の自分そのものだから。**

質素だと思われがちな仏教者も、実は、外見をとても大事にしています。

大乗仏教の『華厳経《けごんきょう》』というお経の中に、次のような一説があります。

「ボロでは人は話を聞かないだろう。優れた高徳は、優れた容姿があってこそだ。もし、あなたも菩薩になろうとするのであれば、さまざまな飾りで装飾するべきだ。そうでなければ、あなたは私のような菩薩になることはできない」

あなたの身を飾り立てよと説いているのです。

「菩薩には多くの取り巻きの者がいて、体は端正、荘厳で、教え通り、美しい装飾品をまとい、聡明で優れた知恵がある」

「菩薩は美しく装飾した姿をとるとされ、浄妙《じょうみょう》の衣服および多種な花の香りを身にまとい、頭に花飾りをつけて人々を救う」

今度、観音菩薩を目にする機会があったら、じっくりと見てみてください。観音様はきらびやかな姿であることが多く、冠やピアスなどのアクセサリーもつけています。

外見は自分の内側を映すものであり、「自分らしさ」を相手に伝えるメッセージでもある。自分が尊敬されたいのであれば、それにふさわしい身なりをすること。自分も自分を尊敬できることが大切です。

同じ人間なの？　と疑いたくなるくらい、もともと美しいミス・ユニバースの女性たちも、髪の毛一本まで気にして、こだわりぬいたメイクをして自分をよりよく見せるお洋服を着て準備することで、人々が「ワオッ！」ってびっくりするような美しい女性に変身するんだから！　気持ちの上がる服を着ていたら、気合いが入るでしょ。外見が内面に与える力は偉大！

誰かのためにではなく、自分が自分を好きになれるように、私は目一杯おしゃれを楽しんでいるの。

私がメイクをしてハイヒールをはいているのは
自分の好きな自分を見せて、
人の価値観を変えるため。
メイクをして、ハイヒールをはいてみたいけど
周囲の目が怖くてできない人に
見てほしいから。
小さいときに、私は自分のような人を

見たことがなかった。
どこにもいなかったから、
自分らしくいたらいけないんだと思った。
だから、
もっと堂々と自由でいいんだよって、
私を見て、
誰かが思ってくれることを願っている。

やばい！って絶叫して反省するほどおしゃれになれる必殺「黒歴史アルバム」で外見をセルフプロデュース

外見が大事だとわかってはいても、自分に似合うものやセンスの磨き方がわからないという人は、きっと多いかもしれませんね。

かくいう私も、外見の磨き方、全然知らなかったんです。というより、自分ではそれなりにイケてたつもりが、振り返ってみると、過去にタイムスリップして、なかったことにしたくなるような格好をした写真がいっぱい残ってて……。

そこで効果的だったのが写真のアルバムの機能を利用して、本当はイケてなかった自分の写真だけを集めた「黒歴史アルバム」をつくり、自分の似合う・似合わないをシビアに振り返ってみたこと。

今、見返しても、本当に恥ずかしいんだけど（笑）。

胸元が開いているほうがセクシーだと思って、深いVネックのTシャツを着ている私――首もとがだらしなく見える！　かわいいと思っていた太い短パン――脚が短く見える！　大きく見せたくて見開いた目――気づいて！　おでこにシワが3本!!　髪形も眉の形も仕草も他の人のマネをして失敗していたんです。目を背けたくなる自分を直視して、**何度も「やばい！！！！」って絶叫しながらダサい自分を反省。**自分には合っていなかったことに気づけたんです。それが、洗練された見た目を手に入れる第一歩。

自分でやばいのを納得するから、次の瞬間から同じ間違いは犯さない。自分を素敵に見せないものは、バッサバッサと切り捨てて、似合わなかった服は二度と買わないし、似合わない髪形やメイクとも永遠にさようなら。

もし、信じられる友人がいるのなら、黒歴史アルバムをシェアするのもおすすめ。私の友人たちは黒歴史アルバムを見て、ズケズケと手厳しくも、有益なアドバイスをたくさんくれました。

アメリカでの学生時代は、大学にタップシューズをはいてくる子がとてもおしゃれだったから「一緒に買い物に行ってくれない？」とお願いして、一緒にショップを回りながら、たくさんアドバイスをもらいました。

人の力もいーっぱい借りて、似合うおしゃれを磨いていったの。

似合う服ばかりのクローゼットで自分の素敵が加速する魔法をかけるの。褒めて、褒められて、みんなでアップデートしよ！

黒歴史アルバムをつくる気になったのなら、同時に、案外よかった写真を集めたイケてるアルバムをつくるのもおすすめ。

私自身はVネックが素敵だと思って着ていたけど、写真で見ると首元に短い襟があるシャツのほうが首がスッキリ見えてキリッと引き締まるなぁ、とか、半袖のTシャツより、ノースリーブのデザインのほうが縦のラインが強調されて背が高く見える！　とか、後から見たときに、自分に似合うものに気づくことがたくさんあって。

黒歴史アルバムのときのように、友人たちにイケてるアルバムを見せたら、「宏堂はアジアの民族衣装のような豪華な服が似合うから、盛り目でスタイリングしてみたら？」という意見をもらい、確かにそうだなと自分も思えたので取り入れてみたり。

「これ、似合うな」を積み重ねていったら、クローゼットに似合う服が増えてきて、どの服を着てもかなり素敵に見えるという魔法がかかってきたんです。

以前の私は、肌着の黒いシャツに、シミだらけのリュック姿で平気で出歩いていて。目の前に薄幸そうな人がいるなと思ったら、それが鏡に映る自分だとわかって大ショックを受けたこともあるんです。でも、似合う服を着るようになってから、パッとショーウインドウに映った自分の姿を素敵！　と思えたことがあって、すっごく嬉しかった。骨格は変わっていないのに、服だけで印象はこんなにも変えられるんだ〜って、ハッピーになりました。

今も、鏡に映る自分を写真に撮って、客観的な視点で似合うかどうかや、全身のバランスをチェックします。

似合うものを着ていると、褒められる機会がグンと増えるのも嬉しいし、**人に褒めてもらえたところをさらに磨いて、私のためにつくられた服と思えるくらい似合っていれば、それが、圧倒的な私の個性になる。**

変化した自分をどんどん褒めてあげて、誰かが素敵な姿をしていたら褒めまくって、相乗効果でみんなで成長していけたら素晴らしいと思うの。

違う誰かになろうとしてフェイクの美しさを手に入れるより、自分だからなれる美しさは胸を張れる武器になる

お坊さんの修行のために帰国する直前、メイクのボスが私の髪の毛を剃ってくれました。私はサラサラロングヘアにずっと憧れがあったし、当時も縮毛矯正をかけたりしていたから、髪の毛を剃ることにすごく抵抗があったんです。

でも坊主頭になった直後、ボスが企画してくれたサプライズのバースデーパーティーに集まった仲間たちが「似合うね」「コウドウは頭の形がキレイだね」と褒めてくれて、この坊主頭にも自信が持てるようになりました。

細い目もコンプレックスだったけど、大親友チェチのお姉さんが私の目をまっすぐに見つめて「コウドウの目はビューティフルね！」と言ったことがあったんです。褒められたのは嬉しいけど、「えっ、嘘でしょ？　あなたのブルーの瞳のほうがよっぽどキレイなのに」と、すぐには信じられなかった。

でも、森理世さんなどミス・ユニバースの写真も撮っている著名なフォトグラファーに、「キミは目の形がキレイだから、アイラインをしたら似合うと思うよ」と言ってもらえたり、褒められる経験を重ねる中で、私の意識も少しずつ変わっていったんです。

だからって、すぐに自分の目を大好きになれたわけではなくて。褒められたことは、自分の目を受け入れるきっかけにすぎなくて、そこから先は、自分の目の特徴を際立たせるスモーキーアイを研究して、自分のファッションにも似合うメイクを探る過程で、だんだんこの目を好きになったんです。

さまざまな技術を駆使すれば、目をとっても大きくできるかもしれない。でも、**自分ではないものになろうとしている時点でそれはマネでしかなく、本物にはなれない。**自分に備わったオリジナリティを追求して、引き立てるようなメイクこそが自分を輝かせることを、私は自分の目から学びました。

前は、二重にしたくてノリをつけたり、ヨガ中に頭の重みで二重のクセがつくように指でまぶたをグリグリしてみたり、健気な努力をしたこともあったんだけど実を結ばなかったし。思い描いた理想とはちょっと違ったけれど、今はこの目が私らしくて大好き。

外見

持ちものも、
私がどんな人間かを語ってしまう。
持っているものも含めて
その人のオーラになるの。
スリッパ、下着や靴下、ペン、
飲んでいるペットボトルひとつだって、
それが自分なんだと考えて、
厳選して持つようにしてる。
高いものである必要は全然なくて。
「これを持っている私が好きと思えるかどうか」
が判断基準。

ミス・ユニバースの
フィリピン代表カトリオーナ・グレイに
水の入ったビンを渡したら、
「それを私は持って歩きたくないの」と
言われたことがあって。
そこまで細かい部分を意識しているんだ！
って、驚いた。
すべてのことに
満足できるように意識することは、
人に自信を与えてくれるんだと思う。
そして、彼女は優勝したわ！

美しくなりたいなら、
自分の内面や
外見だけではなくて、
自分の身の回りのものにも
こだわるのがいいと思う。
素敵なものは私たちに
力を貸してくれるから。

みんなに認めてもらえなくてもいい。着飾ることを怖がらないで。全員に気に入られなくても自分がお手本にする人や大切な仲間が認めてくれればいい

目立つことを怖がって、メイクもファッションも無難になってしまう人が多いような気がするの。私も前は、男性の顔でメイクしていることがバレたくなくて、メイクをして外に出るときはビクビクしてたし、ハイヒールをはいて外に出るときは毎回かなりの覚悟がいりました。

ミス・ユニバースでは、みんな15センチ以上あるハイヒールをはいて、脚の長さを強調するかのように颯爽《さっそう》と歩くんだけど、その姿は、自信がみなぎっていてエレガントで美しいの！

私もハイヒールをはいてみたいと思ったけど、ヒールをはいたら笑われるだろうという不安もあって。最初は、厚底ブーツにインヒールを3枚も重ねてはいていました。でも、ニューヨークで自由なファッションを楽しむ人たちを見

て、黒で甲の隠れるデザインのハイヒールなら中性的に見えると気づき、好んではくようになったんです。美しく見える歩き方も練習してね。

26歳のとき、エミリオプッチの革のハイヒールをはいてニューヨークを歩いていたら、全身グレーのおじさんに「お前は男か、女か！」って、いきなり大声で怒鳴られて。とっさの出来事だから言い返すこともできなかったし、びっくりしてしまいました。イライラした気持ちを抱えたまま目的地のカフェに入ったんです。そうしたら、とてもおしゃれな女性が「ステキなヒール！」って、目を丸くしてフランス訛りの英語で話しかけてきてくれて。そのひと言でさっきまでの悲しさが一気に晴れるとともに、そうかと気づけた。私は、さっき怒鳴ってきたおじさんに向けておしゃれをしているのではなかった。私が素敵だなと思う人が、好きと言ってくれるならそれでいいじゃない！　って。

一歩外に出たら、つい周囲の目を気にしていた私だけど、世間にはいろんな考えを持つ人がいて、すべての人とわかり合うことは無理。**自分が目指す場所へと進むためには、全員の意見は聞いていられない。**あの怒鳴りつけてきたおじさんのように、この先も何か言われるかもしれない。でも、もう相手にしない。ネガティブな人に惑わされないぞって、自分に言い聞かせました。

アイライナーとマスカラで人生が変わった！外見が変わって自信が持てるようになると心も変化したの

私の好きな映画の一つに『プリティ・プリンセス』があります。ジュリー・アンドリュース演じるヨーロッパの架空の国の女王が、ある日、アン・ハサウェイ演じるアメリカのさえない、というよりダサい女子高生のもとに突然現れて、プリンセスになるためのマナーや教養を叩き込むのです。髪も眉もボサボサだった女の子が、ヘアメイクの力で大変身。さすがハリウッド女優といった感じで、美貌オーラが満開になり、圧倒されました。クライマックスには、雨でずぶ濡れになってしまったけど、自分自身の言葉で思いを告げるのです。そのユニークなスピーチにみんなが拍手するラストシーンにも心を打たれました。外見の変化が内面をも変化させたストーリーを見て、外見の大事さを知ったの。

自分自身がメイクをすることに興味を持ち始めたのは、ミス・ユニバースで優勝した森理世さんについての本で「アジア人の黒い目は、アイライナーやアイシャドウでメリハリがつけられる」と読んだから。ミス・ユニバースがやっているなら私もやるしかないと思い、ボストンのドラッグストアへ行って、人生初のアイライナーとマスカラを購入。

初めてマスカラを試したときは、「何これ！　どこまで伸びるの！」って、楽しさと感動で、人生が変わりそうという予感をビシビシ感じた。

自分ではない誰かに初めてメイクしたのは、ルームメイトのエリちゃん。エリちゃんは、鏡を見ずにブルーのアイシャドウを付属のチップでペッペとつけて終わり、みたいなメイクをしてた子で（笑）。それがいつも気になっていたから、「ちょっとメイクをしてあげようか」って試してみたら、「えっ、こんな顔だったたっけ？」というくらいに大変身！　二人でびっくりしました。

たった2つのアイテムが人に自信を与えるって、すごいこと。

ファンデーションやアイシャドウも使えるようになったら、もっと、**メイクで誰かを応援してあげることができるんだわ。**それならしっかりメイクを勉強して、もっと多くの人を応援してあげなくちゃという使命を感じました。

着飾る

ビヨンセの
メイクをしている人のセミナーで
教えてもらった言葉があって。
“The art of getting ready.”
しっかり準備をして
おめかしすることは、
それ自体が茶道のように
ひとつの芸道になるという意味。

ここぞっていうときには、
ファッションのテーマ、
行く場所の雰囲気に合うか、
誰に会うのか、何時間外出するのか、
メイク、洋服、靴、香り、
ネイルも全部考慮する。
リハーサルも兼ねて、
写真を撮ってチェックするのも必須。
これ以上できないってくらい
一回でも頑張っておしゃれしてみて。
その経験があれば、
気を抜いたときでも、
不思議と前よりも上達しているから。

私も夕方から翌朝まで
ずーーーーっと
メイクしてたことがあるんだけど。
その一回で、ずいぶんとメイクが上達できた。
毎日同じメイクを繰り返してたら、
自分をアップデートできない。
一度でもいいから何時間もかけて、
丁寧にじっくりやってみて。
そうしたらきっと成長を感じられるし、
それは、とってもワクワクすることだから！

ここぞというときにケチっちゃダメ！
大事なときこそ
投資することが大切。
私はそれで運命が変わった

私が、本格的にメイクアップアーティストへの道を歩み出したのは、大学3年生のとき。ミス・ユニバースでもメイクをしていた日本人のメイクアップアーティストのアシスタントになったことが、プロの道へのスタートライン。

単位取得のためにインターンシップで就業体験をする必要があって、どうせやるならば好きなことをしたいじゃない？　だから、森理世さんがミス・ユニバースで優勝したときにメイクを担当したのが日本人女性だと知ったときは、彼女しかいない！　と直感して。とても恐れ多かったけれど、とにかくまずは彼女からメイクを習いたいと思い、おそるおそるメールを送りました。

早速メールでお返事をもらったのだけど、そのレッスンが4時間で10万円！「！」を10個並べても足りないくらいの驚き（笑）。だって、私が以前エリちゃんとシェアしていたお部屋の家賃が10万円だったのだから。これは無理かなとも思ったけど、母が「やりたいことへの投資だからいいんじゃない?」と背中を押してくれたから、思い切ってお願いすることにしました。

実際には、彼女の都合でメイクレッスンは延期になり、そのお詫びにと誘っていただいた食事の席で、私のメイクに対する情熱を語りました。そうしたら、「私と同じパッションを持っているあなたに、ぜひアシスタントに来てもらいたいわ」と言ってもらえたの!

投資するという決断が、お金以上のチャンスとして返ってきたようなもの。

人生、ここぞというときに投資したからこそ今の私がある。

これがきっかけでアシスタントに採用してもらい、翌年には、ミス・USAとミス・ユニバースのチームに入れてもらうことができました。ミス・USAのマスカラのダマを落とすようにボスから言われたときはドッキドキ! 手が震えないように息を止めたことを覚えている(しかも、その彼女が優勝したの!)。

これまで、画面越しにしか見たことのなかった華やかな舞台のバックステージに自分が立ち、ショーが始まってステージに音楽が鳴り響いたときは、まるで私の人生をお祝いしてくれているような気がして、ゾクッとしました。

顔のパーツは左右で違うから
右と左で違うメイクをしないと
左右一緒にはならないの。
それが、メイク上達のコツ

私がメイクを練習する上でいちばん苦労したことは、左右対称にメイクするということ。ボスにはいつも私のメイクは眉毛の高さが違うとか、リップの左右が違うと注意されていました。

人間の顔って、ほとんどのパーツが左右非対称。片方の眉が下がっていたり、口角の位置や目の大きさ、頬骨の高さも違っていたりするでしょ？ でも、私にはどうしても左右の違いが見えなくて、苦労しました。ここで私がたどり着いたトレーニングを紹介しますね。

モデルの顔を直接見ると、左右のバランスの違いに気づけなかった私も、正面から見た顔と鏡越しで見た顔を見比べることで、パーツの左右差はもちろん、顔の歪みも見えるようになったの（左右が違うことが悪いことかと思うかもしれないけれど、左右で手相が違うように、左右で差があることは当たり前のことだから気にしないで！）。

自分でメイクするときも、合わせ鏡を使うことで自分の左右差を確認しています。どうしてもリップや眉の形が自分ではわからず、左右対称にできないときは、自撮りして、その写真の上下をひっくり返してみたり、左右を反転させてみるのもおすすめ。

ためしに今、スマホで自撮りした顔写真をひっくり返して見てみてください。

ちょっと視点を変えるだけで気がつくことってたくさんある。

よく知っている人の隣に立って一緒に鏡を見てお互いの顔を見てみると、見慣れた顔とは印象の違う顔がそこにあって驚くはず。今まで見えなかったものが見えるようになっていくと工夫できることも増えるんです。

たとえば、顔のカーブのかかり方も左右で違うから、眉毛の高さは左右で似るように、本当は眉毛の生えていないところに足したり、あまりにもずれているところはカットしてみたり。アイライナーも、太さや角度を変えて、アイシャドウも左右の目の大きさが一緒になるように、乗せる幅を調節してみてね。

メイクにも「こうあるべき」っていうのはないの。自分の魅力がアップできていれば正解！ルールなんか気にしなさんな

メイクは、下地とファンデーションでベースを整えてから、眉を描いて、アイシャドウを塗って――、というのが正しい手順だと思っていない？　でも、メイクに〝こうじゃなきゃダメ〟というルールなんて、ないんです。

大事なのは、メイクが完成したときにその人の魅力が活かされていて、素敵に見えているかどうか。そこさえ忘れなければ、メイクの手順は二の次三の次。

たとえば私は、眉毛のお尻が薄いから、眉毛だけを描く日も多いんです。でも、今日はリップを主役にしたい気分だなと思ったら、最初にリップを塗ってから眉やアイメイクのバランスをとっていったり。自由にメイクを楽しんでる。

メイクアップの仕事のときは、アイメイクから取りかかることがほとんど。モデルさんには驚かれるけど、アイメイクが完成し、目の下に落ちたアイシャ

ドウの粉を拭き取ってからベースメイクを始めます。目の下は明るく見せたいパーツだから、落ちたアイシャドウが影のようになっては困るのです。反対に、アイメイクをあまりしないときは、ベースから始めることもある。ね、やっぱり自由でしょ？

メイクには手順より大切なことがあって、本場のアメリカで学んできた私が感じた〝美しいメイクの五戒〟は、「ファンデーションの色が正しいこと」「アイシャドウがぼかしてあること」「リップラインが歪んでいないこと」「左右対象であること」「その人の魅力がアップされていること」の5つ。

ファンデーションは、薄く伸ばしたらわからないでしょ、なんていう感覚で選んではダメ。顔と同じ色を選ぶのもNGです。日焼けの影響をあまり受けない鎖骨のあたりにファンデを乗せてみて、目を細めて見たときに肌と同化して見えなくなる色が、あなたにとっての正しい色。アイシャドウのぼかし、リップラインの歪み、左右対称かどうか。引き込まれるような美しさを目指すのであれば、このあたりを意識しながらメイクを練習するのがおすすめです。

ただ、どんなにメイクをしても、顔を洗ったほうがキレイというのはよくある話。自分の魅力の活かし方をより追求して、どこを足して、どこを引き算するかがメイクのおもしろいところ。

できる人だけが、〝あえてやらない〟を選択できる。四の五の言わずにとにかく一生懸命やってみて

ボスから学んだのは、メイクの手法や技術だけにとどまらず、仕事人としての心構えや心意気、正直に生きるヒントをたくさん授けてもらいました。

アシスタントとして不慣れで、現場では常に緊張し、怖がっていた私に、**「とにかく一生懸命やりなさい。一生懸命やったら誰も文句言わないから」**と言葉をかけてくれました。メイクの世界は想像以上にシビアで、特に新入りは厳しい目で見られる。受け入れてもらうには、一生懸命な姿を見せるしかないんです。

メイクの技術についても当時、私は自分好みのナチュラルな仕上がりが素敵だと思っていて、ファンデーションを薄く塗っていたんですね。そうしたらボスに「そんなことは、できるようになってから言いなさい」って一喝されまし

た。簡単に言えば、きちんとファンデを塗る技術もないのに、知った風な口をききなさんな、ということね。ファンデの勉強にしっかり取り組んだら、以前の私はファンデの色合わせさえ覚束なかったのだと思い知りました。

実は、それまでの私は、自分のコンプレックスであるアイメイクばかり熱心に研究して、満足していたんです。

母に近況報告の電話をしていたとき、「ピアノで大切なのは右手で弾くメロディだと思うかもしれないけど、力が入りにくい左手の薬指や小指で奏でる音も同じくらい練習しなければ全体のレベルは上がらないのよ。だから、アイメイク以外のファンデーションやチークも同じくらい勉強しないとダメよ」と言われて、自分の視野の狭さにハッとしました。

その日から、ボスのメイクした写真をデッサンしてすべてのパーツに対して、アイメイクと同じくらいの時間をかけて練習を重ねたら、今まで見えなかったものも見えるようになったように感じられました。どうしてファンデはこの量にしたのか、なぜチークをこの位置に入れるのか、すべてに対してきちんとした理論に基づいてそうしたんだという、相手を納得させられるだけの説明ができるようになった。**小手先の技術や流行だけでは、美しくはなれない。きちんと基礎に向き合った人だけが、〝あえてやらない〟を選択できるのです。**

本物の美しさ

私にとって
本当に美しい人というのは、
人を美しい気持ちにしてくれる人。
ミス・ユニバースの
ベネズエラ代表の
ガブリエラ・イスラーは
魔法使いだったの。

ガブリエラは、
美女の中でも一際目立つ上に、
私やスタッフみんなの名前を覚えていて、
毎日とびきりの笑顔で
名前を呼んで挨拶をしてくれた。
「オラ、コードー！」（¡Hola Kodo!）って
声をかけてくれた瞬間、
嬉しくて私も彼女の魔法にかかった。
もちろん、その年は
ミス・ベネズエラが優勝しました。

外見が美しいのも大事だけど、
人の心に魔法をかけられる
美しい人になりたいって、
彼女の姿を見て思いました。

「普通」を壊してくれる変化は自分をキラキラさせてくれる。大切な人生を私は楽しみたいの

私は、ずっと同じ毎日はあまり好きではないんです。**新しいことに挑戦していくことで、人生をより楽しめる**って思っているから。

私の心は何と言っている？　って自分に問いかけて、たとえ今いる場所が安定していて、成功しているように見えても、心がワクワクしていなかったら「バイバイ」のときがやってきたんだって環境を変えるようにしています。

この世は諸行無常で、すべてのものには変化がおとずれる。でも私たちは、今までの生活が変わることに不安を覚えてしまったり、怯えたりしてしまうことってあるんですよね。

でも、自分からアクションを起こすことなく、日々を流されるように生きていると、あっという間に時間は過ぎちゃいます。

インターネットをなんとな〜く眺めていたら、あっという間に2時間、3時間経っちゃうじゃないですか。あんな感じで、人生が1年2年3年と無意識で過ぎてしまうのはちょっともったいない。「あれ？　もう3年も経っちゃった」という感覚は、人生の時間を短くしてしまっていて、その間に経験できたはずのことができないとしたら、すごく損。

変化を恐れていたら、あっという間にせっかくの大切な自分の人生が終わっちゃう！　できるなら多くのことを体験して成長したい。

私は、いろいろ新しいものに自分を出合わせて、自分の中に残っている〝これが普通〟という感覚を壊しながら生きていきたい。

私にとって「普通」をぶち壊すいちばん簡単な方法は、旅行をすること。できれば海外の行ったことのない国がベストだけれど、実際にその土地に行けなかったとしても、違う文化の人と話したり、新しい習い事をしたり、昔の本を読んだり、海外の映画やドキュメンタリーなどで異文化に触れるだけでも、たくさんの刺激を受けられるじゃない？

いつもとは違う環境にあえてアクセスすると、楽しい人生がより長く感じられて、振り返ったときに充実した時間だったなと満足できると思うんです。

ソワソワ、オロオロするときこそ自分が変われるチャンス！ 普段やらないことをやってみると未来が変わる

自分を変えたいと思うなら、普段やらないことを取り入れて、もっと〝ソワソワ〟〝オロオロ〟すべき。この2つが、人生を変えるキーワード。

私は片づけが苦手で、日本に帰国したときにこんまりさんのお弟子さんにお願いをして片づけレッスンを受けたのは、すでにお伝えした通り。

「いらないものを送り出したら新しいものが入ってくるよ」とか、「部屋は自分の心を表しているんだよ」というのは以前から耳にしていたけど、自分で取り組んでもどうにもうまくいかないから、プロに頼ったんです。

レッスンでは片づけのやり方だけではなく、こんまりメソッド特有の洋服を直立するようにたたむ方法も教わって、やってはみるものの全然上手にできないし、これからはずっとこうやってたたんでくださいと言われ、ものすごくソ

ワソワしたんです。それを先生に話したら、「ソワソワするのは、やり慣れていないことを自分の中に取り込んでいる証拠。だから、ソワソワしたら自分を進化させられますよ」って教えてくださいました。

確かに、お坊さんの修行中は慣れない5時半起きでソワソワしたし、初めてミス・ユニバースの舞台裏に立ったときも緊張でオロオロ。でも、そこを乗り越えたとき、**今まで進んできたレールから外れて、新しいレールに乗った、**そんな感覚もあったんです。

もともと上達オタクな気質は自分の中にあるのだけれど、それ以来、自分をアップデートし続けるために、ソワソワ、オロオロに出逢いに行こうって思えるようになりました。

今では、洋服をたたんでソワソワすることはまったくないし、どうぞ、今すぐにでもクローゼットも引き出しの中も見てちょうだいって気分！

キレイに収納することは、誰かのためではなく、自分のため。**見られないからいいやって日常の細部をおろそかにしてしまうと、自分に対する尊厳が低くなってしまう**と思うの。だから、誰に見せるものではなくても、家の中まで納得している自信は、人をうんと輝かせてくれるって思います。

シンプルで簡単なものや自分の好きなものにだって人生は奪われちゃう！甘い誘惑やSNSのせいで自分のゴールから遠ざかってない？

私はこの時代に生まれてラッキーでした。教室に友だちがひとりもいなかった高校時代、私の心の支えになったのはゲイチャットだったし、メイクのボスと知り合えたのもネットのおかげ。２０１９年にNetflixの『クィア・アイ in Japan』にほんの数分出演しただけで、国際線でCAさんに声をかけられたり、海外でも「見たよ！」と人に話しかけられるようになりました。

いろんな形でネットの恩恵を受けながら暮らしているのを実感するし、SNSも友人とのチャットも大好き！　でも、スイッチが入ると夜が明けるまで見入ってしまうほど好きなものだからこそ、人生を奪われないようにしないとダメって、自分を戒めています。

私にとってスマホやパソコンって、電源を入れたら最後。底なし沼にハマったように、本来の目的を忘れてニュースやSNS、YouTubeを延々と見てしまうんです。メールやチャットも始めると何時間も止まらなくなっちゃう性格。

だから、スマホを見るのは、運動をしてお昼ごはんを食べた後。午前中は用事がない限りスマホを見ないの。通知を見てしまったら最後、気づいたらお昼ごはんの時間になって、気づいたら夕方になって、運動するエネルギーも時間もなくなってしまいます。

ただ、運動中に、スマホのアプリで音楽やPodcastは聴いています。そのとき、うっかりメールやラインを見てしまわないように、くぅ〜っと腕を伸ばして、手にしたスマホを斜めに傾けて、目を細めて再生ボタンを押すという涙ぐましい努力をしていて（笑）。

でも、それくらいしないと、自分の目標達成を自分で邪魔してしまう。だから一度始めたらやめられない自分への対処法です。

スマホとかゲームとか、簡単にアクセスできるものであればあるほど、人生のリズムがガタガタ狂わされてしまうと思うんです。

目標を達成するためにはヨロヨロっと変な方向に行かないように、しっかりハンドルを握っておかなくちゃね。

私が相談する相手は成功している人だけ。何かを成し遂げたことがある人なら私の夢を無理だと否定しないでしょ

夢を叶えるため、誰に相談するか、どんな友だちと一緒にいるかはとても大事だと思ってるの。なぜなら、私の周りの環境が私の人生をつくっていくから。

相談しても「頑張ったって難しい」「一握りの人しか成功できないよ」と言う人を避けて、じゃあその一握りの人に会えるように、お話しできるように努力してきました。頑張ってもできなかった人や諦めた人に話を聞いたとしても、もしかしたら応援してくれるかもしれないけれど、的確なアドバイスがもらえるとは思えなくて。

興味のある分野でそれを成し遂げたいけど、その方法がわからないというときは、できるだけ成功していて、自分がお手本にしたいと思う人に相談して、その人の価値観を近くで学べる環境に身を置くことが得策だと思う。

「そんなの一握りの人しか成功できないよ」と言う人と、その成功した一握りの人から話を聞くのと、どちらが夢の実現にグッと近づけるかは考えなくてもわかること。**考え方や価値観はどうしても伝染してしまうものなので、いつも気をつけています。**

会いに行く前の準備や勉強も欠かしませんでした。その人に会うまでにしっかり準備すれば、仲良くしてもらえると思うから。

私がメイクを始めたころは、化粧品店、セミナー、講演会、いろんな場所にたくさん足を運んだけど「そんなこと、もう知ってるわい！」ということのほうが多くて知りたいことが解決しませんでした。だけど私の尊敬している実力のあるアーティストさんに出会ってからはグングン成長。宣伝やごまかしばかりのメイクアドバイスはいらない。研ぎ澄まされた本物の知恵や技術だけを信じて進むことで、私も夢を叶えることができたんだと思います。

具体的な道を指し示してくれる人の成功体験に自分を重ね合わせ、できそうなことからとにかく始めた。心から尊敬できる人からのアドバイスだからこそ私の人生が開けていきました。

相手や環境に文句を言うのではなく、自分がどうしていきたいのかをはっきりさせて、それを叶えるために準備する

お坊さんの修行中、作法やお経は、何十人もの中で誰か一人が少しでも間違えたら全員がやり直し。あまりの厳しさに逃げ出したくなったけど、何度もダメ出しされてやり直した作法やお経がピタリと揃ったときの荘厳さには圧倒されました。でも、修行僧のみんなは先生に叱られたことや修行の厳しさに文句を言うこともありました（でも、確かに文句も言いたくなるような厳しさだった）。

だから、私はその場のノリで、みんなと話を合わせることもあったけど、文句を言うよりも、考えを未来に向けました。修行が終わったら何ができるのか、何をしようかって。何を食べて、どんな時間の使い方をして、メイクの練習ではどんなことをしよう。そんなことをノートに書いて、いつでも行動に移せる準備をしていました。文句を言ってたって、修行の内容や期間を変えることは、

修行僧の私にはできない。それならば、今できることは何かを考えたほうが、よほど建設的。

物事は、光の当て方次第で姿を変える。そのライトを持っているのは、自分。不満ばかりにライトを向ける自分のままでは、どんな場所に行っても同じことにならない？

不満にとらわれている自分は感情をコントロールできていない状態。

文句や不満をまったく口に出さないのは現実的に無理だけど、私はただ思うままを吐き出すのではなく、ライトの角度を少し変えてユーモアのある気持ちも忘れないことが大事だと思うの。ミス・ユニバースの世界大会中、朝の6時に今すぐメイクしに来てってボスから電話があったときは、こんなに朝早く突然言われても困る！　って思ったけど、「いつどんなことがあるかわからないから、万が一にそなえた準備が大事ということを教えてくれた」ってユーモアを入れて自分に言うの。そのほうが文句を言ってしまったという罪悪感なくクスクスっと笑い飛ばせる。イライラするんじゃなくて、笑いとともに嫌な気持ちを忘れちゃったほうが、自分もラクですよね。

何のためにこれをするの？
つらいときは、そう自分に聞くの。
それを思い出せば
もうひと踏ん張りできる

まだ、私がメイクのアシスタントだったころ、ボスから「明日、ラスベガスに発つまでに、○○ブランドの黒の18番のつけまつ毛が100個ほしい」と頼まれたことがありました。しかも、私に与えられた時間はひと晩だけ。

地図とにらめっこして、マンハッタンのタイムズスクエアを起点に、ドラッグストアやコンビニエンスストアをくまなく回るルートを確認して、片っ端からお店を回っていって。1軒に3個あれば上出来、6個あったら超ラッキー！ 1個もないお店だってけっこうあってガックリ。4時間くらい歩き回っても、まだ100個には足りなくて、途中から雨がザーザー降ってきちゃって……。両腕に下げたショッピングバッグはかさばるし、途中で「ボスも、ないならないでいいよって言ってたし、やめちゃおうかな」って、何度も頭をよぎりました。

でも、やめたら後になって自分が自分のことをどう思うのかなって冷静に考えたとき**「あのとき、私は諦めた」って後悔したくない**と思ったんです。

ボスに言われて、嫌々やっているわけじゃない。買いに行くと決めたのは私で、最後まで諦めずに続けようと思っているのも自分。そう考えたら、少しエネルギーも回復。これは、映画『プラダを着た悪魔』ごっこだと自分を奮い立たせ、最終的に、40ストリートから70ストリートの西と東をくまなく回って、100個をゲット！　まさか揃うなんて、私ってすごい!!

疲れてもうヘトヘトだったけれど、翌日の出発までに準備しなければならないので、箱から全部出して、潰れないように交互に重ねてから束ねて、レシートもホチキスで止めてトータルの金額を計算して、ボスにメールをして終了。

「なんで自分はこの仕事をしているんだろう」と思っている人もたくさんいると思うけれど、**これをすることでどんな未来が待っているんだろうと一度立ち止まって考えてみてね。**

頑張らなかった自分の記憶より、頑張った自分の記憶が、未来の自分を勇気づけてくれるはず。そう思うと、あとちょっとの踏ん張りがきくから。

「そんなことをする人は周りにいない」とか「周りの目が気になるからやりたいことができない」なんて思っているのなら、すごくもったいない。どんなときでも、「自分がどうしたいか」を基準に考えていかないと、人のための人生を生きることになっちゃう。このことは自分勝手とは違うと思うの。

今、うまくいってなくても焦らない。これからやりたいこと、なりたい自分を毎朝書き出してみる

自分が劣等だと思っていたときは、自分をもっと好きになりたいともがいていた私ですが、堂々と生きられるようになって、多くの夢が叶いました。ミス・ユニバースで働くこと、森理世さんのメイクをすること、『VOGUE』に載ること。実は、日本に帰国したときにはほとんどの夢が叶っていて、少しの間、新しいゴールがわからなくなって足踏みが続いていたんです。

そんなとき、私の助けになったのが「モーニング・ページ」。いちばん頭がスッキリしている朝の時間に、ふと心に浮かんできた気持ち、今日やることのリスト、小さな目標など、なんでもいいのでとにかくひたすらノートに書き出すということを私は以前からの習慣にしていました。

帰国後、スペイン語を上達させたい、体形を変えたい、話し方を磨きたいと

書いてはいたけど、実行に移せない期間が続いていることをノートを見返すことで気づくと同時に、**やらずに後回しになっていることが一目瞭然になり、自分のお尻を叩くことができたの。**

上達したいと思ったきっかけを見直し、どの習慣を変えたら自分の人生に利益をもたらすかを考えて解決する努力をする。「今日もできなかった」と言い訳する前に、これまでできなかった原因が何かをまず考えてみた。

24時間をどう使おうか。運動を習慣化するには、やっぱり朝がいいな。だったら、夜更かしはほどほどにしよう。スペイン語は、自力で学ぶには限界があるから、オンラインで個人レッスンを受けよう。そうだ、ミス・ベネズエラのアクセントが好きだったから、先生はベネズエラ人を探そう（結果、教え方が天才的な先生に出会い、1時間2000円でお願いできてラッキー！）。

できなかった理由やしがらみの原因は自分で気づくのが、アップデートへの近道だから、その日の自分の思いを書き残しておくことが役に立つんです。

もちろん、元気が出ないときは無理する必要はなくて。**飛躍するためには充電時間も大切だと思うから、カエルがジャンプをする前にグーッと屈んで力をためるように、休むときはしっかり休んで、休んでいる自分に罪悪感やプレッシャーを感じることはないの。**

ハッキリと想像できれば半分叶ったようなもの！ 夢を叶えた自分を想像して 叶った自分が生きている人生を 前倒しで今から送り始める

こうなりたいという自分を、まずは想像してみて！ **明確に想像できないことは叶いにくいと思うの。**だから私はいつも想像を巡らせて、未来の自分にふさわしい準備をしています。そうすることで未来が変わると思っているから。

たとえば大事な仕事やミーティングでうまくいったときの自分の言動はこうで、バッグの中身はこう。健康な生活をして、自分をときめかせてくれる人やモノに囲まれて生きている。こんなふうにあらゆる日常を具体的に想像しまくります。

とっておきの相手や特別なときだけ気合いを入れるのでは遅すぎる！ 前もってレベルアップさせておかないとチャンスをものにできないと思うの。

自分が目指す人生を歩むためには、その人生に必要なアイテムやスキルを手に入れて、仲間を集める必要があると私は思ってる。まるで自分がロール・プレイング・ゲームの主人公であるかのごとく、レベルアップを完了させておかなくては、ボスを倒せずにゲームオーバーになってしまう。ましてや人生はゲームのように無限にはやり直せないのだから。

夢はあるけど、長年、足踏み状態が続いているなら、想像力が足りていないのかも。もしくは、こんな大きな夢は叶いっこないって、自分で扉を閉ざしているのかも。

もし、うまく想像できないのなら、思い描いた自分が行くであろうお店に実際に行ってみる。服やバッグを見て回るだけでもいいし、飲み物だけオーダーしてその場の空気感を肌で感じるだけでもOK！

どれほど大きな夢だとしても、絶対に叶うと自分を信じてあげたいし、目標の場所に足を運んだこともなければ想像もしづらいでしょ？　私も気弱になる瞬間はあるけど、「私が自分を信じてあげなくちゃ」と思っています。想像することでもう半分叶ったようなもの！　引き寄せの法則です。

10年後にタイムスリップして自分の成功を祝うというシナリオでご褒美ディナーを楽しんで夢を引き寄せる

「もう叶ったつもりで過ごす」ためのお気に入りの方法が「アイスクリームマジック」。アイスクリームって、最初のひと口を食べたときが最高に幸せじゃないですか。**あの幸福感と同時に未来の成功した自分の姿を重ねてみる。**「クィア・アイに出演、楽しかった～」なんて、まるで夢が叶ったかのように喜びも味わって。2口めは、「初めてのサファリ旅行は刺激的だったなぁ」とか。3口めは「スペイン語をミス・ベネズエラに褒められた！」くらいの感じで。日常でも湯船につかった瞬間のアァ～とか、マッサージを受けているときのハァ～とか、幸福を感じるタイミングに自分の夢を重ねまくってます。

「夢が叶ったていで食べるご褒美ディナー」は、この特別編。大好きな友人たちとちょっと背伸びした素敵なレストランへ行くの（目標が達成したときに食べにいきたいご褒美的なお店を選んでみて）。そこで、友人と料理やデザートをシェアして、全部で10品になるように注文。そして、ひと皿味わうごとに一人ひとりがそれぞれの夢が叶った喜びや感じたことを言っていくの。まるで10年後の、本当に夢を叶えた私たちが、今という過去を振り返ってお祝いしているみたいにね。実際に私も数年前、スペインの友人たちとやってみたんです。

私の一皿目は「VOGUEに私のインタビューが載ったの！」と言ったあとにひと口食べて、美味しさと掲載された喜びも一緒に味わって。友人も「周りの反応はどうだった？」と聞いてくれたから、「おめでとうのメッセージがたくさん届いたよ」と、**実際に叶ったかのように具体的に話せば話すほど、現実味が増してきます。**友だち同士でそれぞれが望んでいたことが叶ったと仮定して、お互いを祝福し合います。みんなで想像すればもっと夢が現実に近づく気がしない？

この話には続きがあって、叶ったつもりで過ごすと本当に叶うということ。実際に数年後、私はクィア・アイにも出演できたし、VOGUEから取材を受けることもできたの！　オファーがあったときは本当にビックリ！　だから試してみる価値アリだと思うんです。

他人と違うことも
LGBTQであることも
自分を輝かせる
スーパーパワーになる

私は小さいころ、黄色と紫が好きでした。男性的な青でも女性的な赤でもない、中間の色が私らしいと思っていたから。

昔、ネイティブアメリカンの文化では、男性の体で女性の魂を持って生まれた人や女性の体で男性の魂を持って生まれた人は、「Two Spirit」と呼ばれ、みんなに幸せをもたらす存在として祝福されたそうなんです。男性の体で女性の魂を持つ人は看護や先生などの役割を担ったり、女性の体で男性の魂を持つ人は戦いのリーダーとして先頭に立ったりと、大切にされていたと聞きました。

私の学生時代は有無を言わさず男子として扱われ、一方、女性の心を持ち世の中を見てきたから、男性とも女性とも、また、性別にとらわれない人とも心を通わせることができます。だから、男性と女性、どちらの気持ちにも寄り添えるし、どちらでもない視点も持っています。

男性と女性、どちらの気持ちにも寄り添える。そして、どちらでもない視点を持っている。私に授けられたこの性を、私は以前聞いて大好きになった捉え方、「Gender Gifted」と呼びたいと思っています。Giftedという言葉は、才能がある、恵まれているという意味。性別を超えた視点や発想を届けたいです。

みんなと違うからこそできること、みんなと違うからこそわかることがあるって思ったら、自分がもっと好きになれた。

人からバカにされても耐えてきたからこそ強くいられるし、思慮深くいられます。人より劣っているような扱いを受けたというような悔しかった思い出も、一生枯れることのない燃料として自分を奮い立たせ、スーパーパワーとして私をバックアップしてくれます。

青と赤の世界に黄色の人が存在すれば、オレンジや緑が生み出せる。青も赤も兼ね備えた紫の人がいたら、青と赤をつなぐことができる。

ユニークな個性があるからこそ新しい可能性や希望が生まれる。それぞれの人がそれぞれの色で輝いてこそ、この世の中はより鮮やかで美しい。みんながそう喜び合える世界のために、私は正々堂々と発信していきたい。

そして、自分らしく生きる幸せをみんなと喜び合いたいんです。

みんなさまざまな
悩みを抱えながら生きてる。
でも、悩んだり、
我慢してきたことが
スーパーパワーになる
ということに気づいてほしい。

今、何かで悩んでいても、
けっして悲観しないで。
その思いが
スーパーパワーになって、
将来自分を助けてくれる日が
きっとくると思う。

おわりに

つい先日のことです。19歳のときにボストンでよく話していたアメリカ人男性と12年ぶりに電話で話す機会がありました。当時、私は自分を「ゲイ」だと思っていました。でも、そのワードを声に出して言うのが怖くて、口パクで（ゲ・イ）と言っていたそう。そんなことをしていたなんて、私はスッカラカンに忘れていたんです。

そんな私が今では、顔も隠さず、本名で、雑誌やテレビのインタビューに向かって笑顔で同性愛者であると話しているのだから、我ながら驚きです。こんなにも自分の価値観が変わっていたということにハッとさせられました。当たり前だけど、隠しごとをしてビクビク過ごしていた12年前の私より、自分らしくいられる今の私のほうが、圧倒的に好きです。

仏教で学んだ言葉の一つに、「少欲《しょうよく》知足《ちそく》」があります。欲は少なく足るを知る、簡単に言えば、現状に満足するということ。どんな状態にあっても、幸せや希望を感じられるかどうかは、その人の心の持ち方次第なんですね。

　同性愛者である私に、好きな女性と結婚して子孫を残すという可能性はありません。周りの人に家族が増えるのを見て、「私の生き物としての役割はなんなの？」と自問し、夜寝る前に悲しくなることが今でもあります。

　私はなぜ生まれ、何をすべきなのだろうと考えずにはいられません。でも唯一、自分を納得させられる私の生きる意味は「他の人を応援する」こと。希望を持っている人の心に触れることが、私のいちばんの喜びです。

　もう一つ、夜眠る前に考えるのは、「どうしたら幸せに生きられるか」ということ。以前、親にカミングアウトする前に「こんな1日を過ごせたのなら、何も後悔はない」と思える日がありました。それは、自分のセクシュアリティを隠さず、心からわかり合える友だちと海岸を散歩して、ピンク色の夕日に包まれて、話に花が咲き、たくさん笑えた日。人生でこんな日があるなら、名誉や財産、実力や美しさもいらない。楽しく笑える瞬間が多いほうが何より幸せで、長生きしなくていい、とさえ思いました。「自分らしくいられて、誰かと理解し合えること」。これが幸せに生きるヒントだと思います。

人生が続けば、嬉しいことも苦しいことも繰り返すもの。諸行無常です。今まで想像もできなかった変化が起こったり、すべてがうまくいこうとしてたときでもうまくいかなくなったりすることもあります。そういった可能性を考えると、逆に考えれば成長できない人はいないし、変われない人もいないということ。

その一方で、私がずっと変わってほしくないものもあります。感謝の気持ちを持ち続けることと、ポジティブに生きること。こればかりは努力してどうなるものではないからこそ、私は「どうか夢を持ち続けて、幸せを感じ、感謝ができる私でいられますように」と祈ります。

本を書くことは私の長年の夢でした。10年以上前からノートにアイディアを書き続けてきました。それを実現させてくださった出版チームのみどりさん、力を貸してくださったゆきさん、これからもお世話になるあかねさん、そして導いてくださったゆうこさん。ありがとうございます。

私がアトピーでぐちゃぐちゃになって自分が大嫌いだったときも大切にしてくれた人。誰かに大切にしてもらう上で容姿は関係ないんだと、ハッとさせられました。どんなに絶望を感じていたときも、呆《あき》れるほどの辛抱強さで応援し続けてくれた友だち。私がずっとネガティブだったときでも、仲良くしてくれる人がいたことに感動しました。こんな私を仲間に入れてくださり、今の私に導いてくださった先生。この人たちはみんな私の「普通」を壊してくれた人たち。そして、私の幸せを心から願っていると感じさせてくれる両親に感謝します。

レインボーフラッグの色はみんな同じ幅。いろいろな色がありますが、みんな同じ命を等しく生きています。

私の役目はそれぞれの人の色を守ること、そしてみんなが自分の色で輝けるようにそれぞれのステージの幕を開けるお手伝いをすること。メイクと仏教で手段は違ってもゴールは一緒なんです。

私はユニークな存在であることに自信を持って、笑顔で生きるお手本になりたいです。頭に風呂敷をかぶっていた昔の私のような子どもたちが、そしてみんなが上を向いて生きられるように。正々堂々と！

ハイヒールをはいたお坊さん　西村宏堂より

「女だから」
「男だから」
「若いから」
「年配だから」
「経験がないから」

だから、
何だって言うのよ。
一度きりの人生、
楽しんだほうが
いいでしょ。

赤色赤光　白色白光』

自分で生きていいんだ

『青色青光　黄色黄光

正々堂々、自分の好きな

STAFF

デザイン	bookwall
カバー写真	Seth Miranda
本文写真	LESLIE KEE（SIGNO）：P1、P7 佐藤将希：P2-3、P4上、P5、P8、カバー裏 高橋勇人：P6下
DTP	アルファヴィル
校正	ディクション
協力	TOKYO VOICE Alfa Romeo presents「Under One Sun－Be Yourself」 OUT IN JAPAN（URL：http://outinjapan.com） 小島優子 酒見亜光（サンマーク出版）
構成	今富夕起
編集	片山緑（サンマーク出版）

西村宏堂

（にしむら・こうどう）

1989年東京生まれ。浄土宗僧侶。ニューヨークのパーソンズ美術大学卒業。卒業後アメリカを拠点にメイクアップアーティストとして活動。ミス・ユニバース世界大会などで各国の代表者のメイクを行い、海外の著名人やモデルから高い評価を得る。日本で修行し、2015年に浄土宗の僧侶となる。また、僧侶であり、アーティストであり、LGBTQでもある独自の視点で「性別も人種も関係なく皆平等」というメッセージを発信。ニューヨーク国連人口基金本部や、イェール大学、スタンフォード大学、増上寺などで講演を行い、その活動は、NHKやBBC、CNNなど、国内外の多くのメディアに取り上げられている。また2021年には、TIME誌「次世代リーダー」に選出された。本書が初の書籍となり、海外でも多くの言語で翻訳出版されている。

正々堂々

私が好きな私で生きていいんだ

2020年8月 5日　初版発行
2023年5月25日　第5刷発行

著者　西村宏堂
発行人　黒川精一
発行所　株式会社サンマーク出版
〒169-0074　東京都新宿区北新宿2-21-1
03-5348-7800（代表）

印刷　株式会社暁印刷
製本　株式会社村上製本所

ISBN978-4-7631-3831-6　C0095
https://www.sunmark.co.jp